Gerhard Voss

Astrologie – christlich

W0065110

Verlag Friedrich Pustet Regensburg

Imprimi potest
Niederaltaich, 31. Mai 1979
Placidus Joseph Stiess, Abt

CIP-Kurztitelaufnahme der Deutschen Bibliothek

Voss, Gerhard:
Astrologie christlich / Gerhard Voss. – Regens =
burg : Pustet, 1980.
ISBN 3-7917-0643-8

ISBN 3-7917-0643-8
© 1980 by Verlag Friedrich Pustet Regensburg
Umschlagmotive: *Vorderseite:* »Aufstieg durch die kosmischen Sphären«
(um 1200), Nationalbibliothek Paris, Ms. lat 3236 A; *Rückseite:* Darstel-
lung einer Vision der hl. Hildegard von Bingen, aus der Handschrift
Cod. lat. 1942, f. 9 r. der Biblioteca governativa zu Lucca.
Gesamtherstellung: Friedrich Pustet Regensburg
Printed in Germany 1980

Inhaltsverzeichnis

I. Einführung

»Astrologie – christlich« kann auf zweifache Weise verstanden werden. Einmal im Sinne von »Astrologie, christlich gesehen«. Da die Meinung im allgemeinen dahin geht, daß aus christlicher Sicht Astrologie nichts als Aberglaube ist, scheint die zweite Möglichkeit, das Thema »Astrologie – christlich« zu verstehen – nämlich im Sinne einer »christlichen Astrologie« –, schon gar nicht mehr diskutabel zu sein. Doch so eindeutig ablehnend ist die christliche Einstellung zur Astrologie nicht, jedenfalls nicht immer gewesen. Immerhin ist auf dem Grundstein der Kirchtürme der Abtei Niederaltaich, der der Verfasser angehört, ein Horoskop eingemeißelt. Es war für ihn ein Anlaß, sich mit der Geschichte der christlichen Astrologie zu befassen.

Ist einmal der Blick geschärft, dann zeigt sich sehr schnell, daß es seit alters astrologische Vorstellungen auch auf dem Boden der biblischen Offenbarungsreligion gibt – verbunden mit dem Staunen darüber, daß Gott dem Menschen die Fähigkeit geschenkt hat, »den Aufbau der Welt und das Wirken der Elemente, Anfang und Ende und Mitte der Zeiten, die Abfolge der Sonnenwenden und den Wandel der Jahreszeiten, den Kreislauf der Jahre und die Stellung der Sterne« zu verstehen (Weish 7,17–19). Der gläubige Mensch sieht sich in eine Welt hineingestellt, in der Gottes schöpferische Weisheit alles nach Maß und Zahl geordnet hat, allem seinen Ort und seine Bahn zugewiesen hat: »Machtvoll entfaltet sie ihre Kraft von einem Ende zum andern und durchwaltet voll Güte das All«

(Weish 8,1). So sind die Tierkreisdarstellungen in jüdischen Synagogen und christlichen Kirchen Ausdruck der gläubigen Hoffnung, daß Gott der Herr der Geschichte ist. Seine Liebe hat jedem Menschen eine bestimmte »Konstellation« von Fähigkeiten und Gefährdungen mit auf den Weg gegeben und ihn dadurch in Spannungen und in Grenzen hineingestellt, mit denen er fertig werden muß, um die darin zugleich auch vorgezeichneten Möglichkeiten des Lebens ergreifen zu können.

Aberglaube oder Wissenschaft?

Inmitten der fatalistischen Grundeinstellung des späten Hellenismus mußte die Kirche in ihrer Frühzeit allerdings mit Nachdruck vor den Gefahren der Astrologie warnen. Und auch nachdem die Astrologie – wie viele Bereiche antiker Weisheit und Gelehrsamkeit auf dem Weg über die Araber – ihren festen Platz in der christlichen Kultur des mittelalterlichen Abendlandes gefunden hatte, stieß eine bestimmte Art Astrologie immer auf den heftigsten Widerstand der Kirche: die sogenannte »Astrologia iudiciaria« mit ihrem Anspruch, unausweichlich das Schicksal des Menschen vorausberechnen zu können. Solche Astrologie ist gefährlich: Sie macht ängstlich und unfrei und verstellt den Blick für die Offenbarung der Liebe Gottes. Darum ist es natürlich immer eine Frage pastoraler Klugheit, ob es nicht besser ist, überhaupt von aller Astrologie abzusehen. Denn heilsnotwendig ist sie auf keinen Fall, und die ängstliche und abergläubische Neugier vieler Menschen macht es besonders in Krisenzeiten den Scharlatanen nur allzu leicht, sie in ihren Dienst zu nehmen. Die üblichen Horoskopecken in der Boulevardpresse haben nur in unsinnig verallgemeinernder Weise etwas mit Astro-

8

logie zu tun. Sie entsprechen jedoch offenbar einem Bedürfnis der Leser nach handfester und nicht allzu tiefschürfender Beantwortung offener Lebensfragen, ohne daß sie merken, wie sehr sie sich in Abhängigkeit begeben. Solches Interesse für Astrologie ist Ausdruck eines geistigen Vakuums und selbstverständlich mit christlichem Glauben unvereinbar.

Allerdings haben Aberglaube und Scharlatanerie die Gegner der Astrologie immer auch verleitet, sich die Auseinandersetzung mit ihr zu leicht zu machen. Kein Geringerer als der berühmte Astronom Johannes Kepler († 1630) tritt dafür ein, zwischen kritiklosem Aberglauben und pauschaler Verwerfung einen »dritten Weg« zu beschreiten. Eine diesbezügliche Schrift von ihm trägt den Titel »Tertius Interveniens. Das ist Warnung an etliche Theologos, Medicos und Philosophos . . ., daß sie bey billicher Verwerffung der Sternguckerischen Aberglauben nicht das Kindt mit dem Badt außschütten und hiermit ihrer Profession unwissendt zuwider handlen . . . allen wahren Liebhabern der natürlichen Geheymnussen zu nohtwendigem Unterricht«.[1]

Jedenfalls hat die Astrologie immer auch ihre durchaus seriösen Verfechter gehabt, die nicht einfach als abergläubisch abgetan werden können. Doch bleibt natürlich die entscheidende Frage, ob es denn *in Wirklichkeit* die von der Astrologie behauptete Beziehung zwischen der Planetenkonstellation am Himmel und der »Konstellation« der menschlichen Lebensbedingungen gibt. Offenbar ist diese Frage gar nicht so ohne weiteres eindeutig zu beantworten. Verfechter wie Gegner der Astrologie verweisen auf Ergebnisse statistischer Untersuchungen und fühlen sich dadurch in ihrer Entscheidung für oder wider die Astrologie bestätigt.

Entscheidend für eine ernsthafte Beschäftigung mit der

Astrologie in unseren Tagen waren jedoch gar nicht statistische Untersuchungen, sondern vor allem die Ergebnisse der tiefenpsychologischen Forschung. Hier ist an erster Stelle Carl Gustav Jung zu nennen. Ihn überraschten zunächst die psychologischen Kenntnisse des Altertums, die in der Astrologie ihren Niederschlag gefunden haben. Seine Untersuchungen führten ihn weiter zu der Überzeugung, daß auch heute noch die astrologischen Behauptungen mit einer eigenartigen, kausal nicht erklärbaren Zufälligkeit der Wirklichkeit entsprechen. Jung sah hier – im Gegensatz zum Kausalprinzip – ein *synchronistisches Prinzip* wirksam, demzufolge sich Gleichzeitigkeit selbst bei Phänomenen, zwischen denen sonst keine Gemeinsamkeit feststellbar ist, in gewissem Sinn als Parallelität auswirkt. Wenn Jung von einer auffälligen »Zufälligkeit« seiner Untersuchungsergebnisse sprach, wollte er damit sagen, daß sich ein Zusammenhang abzeichnete, der statistisch nicht unbedingt zwingend ist, der jedoch für den ganz offensichtlich ist, der daran interessiert ist. Wenn das statistische Ergebnis nicht eindeutiger ausfällt, dann zeigt das nach Jung, daß es in der Natur einen »Hintergrund von Freiheit und Sinnhaftigkeit« gibt.

Damit stellt sich die Frage, ob ein statistisches Vorgehen überhaupt die geeignete Methode ist, den in der Astrologie behaupteten Sachverhalt zu überprüfen. Immerhin ist die Fragestellung jeder statistischen Untersuchungsreihe notgedrungen auf Einzelphänomene eingegrenzt, so daß niemals das Gesamtgefüge der in einem Horoskop gegebenen Beziehungen in den Blick kommt. Doch trifft dieser Einwand noch nicht das grundsätzliche Problem, das hier an einem Beispiel erläutert sei: Wenn jemand in eine Kirche kommt, in der auf einer Orgel gespielt wird, und er nun untersuchen will, warum er von diesem Orgelspiel so fasziniert ist, dann kann er sich einerseits für die Bauart des

Instruments interessieren, das den Klang hervorbringt, für die chemische Zusammensetzung des Materials, für die physikalischen Gesetze, die beachtet wurden, für die »Instrumental-Ursache« also, die zum Forschungsgebiet der Naturwissenschaftler und Techniker gehört. Er kann sich aber auch – als Musikwissenschaftler – mit der Struktur des Musikstückes befassen; das wird ihm ein tieferes Verständnis dafür erschließen, nach welchen Gesetzen bestimmte menschliche Gemütsbewegungen musikalisch ihren Ausdruck finden und – umgekehrt – durch ein Musikstück hervorgerufen werden können. Über bloße Feststellungen solcher Gesetzmäßigkeiten und ihrer Anwendung im konkreten Fall wird seine Untersuchung freilich nicht hinauskommen. Denn der letzte Grund für die faszinierende Wirkung, die von dem Orgelspiel ausgeht, liegt in einer Art Verwandtschaft, in einer inneren Übereinstimmung der Seele des Hörers mit dem Musikstück – mit dem Komponisten und dem Organisten, die in dieses Stück gleichsam ihre Seele hineingelegt haben. Diese Übereinstimmung kann nicht mehr »bewiesen« werden; sie wird einfach erfahren. Ähnliches gilt für jede Art Kunstwerk, für das Bild etwa.

Weil sich die Astrologie, von der in diesem Buch die Rede sein soll, mit den solcher »Verwandtschaft« vergleichbaren Entsprechungen zwischen dem »Bild« der Planetenkonstellation am Himmel und dem Wesen des Menschen befaßt und nicht mit einer den Planeten zugeschriebenen – etwa durch Strahlen wirksamen – Instrumentalursächlichkeit, darum ist die aufgrund Jahrtausende langer Erfahrungen behauptete Bedeutung des Planetenhimmels für den Menschen grundsätzlich nicht nach Art eines naturwissenschaftlich überprüfbaren Kausalzusammenhangs in den Griff zu bekommen.

Dennoch wird man die Astrologie eine Wissenschaft nennen dürfen, insofern es sich bei ihr um ein aus vielen Einzelerfahrungen herausgearbeitetes System mit einer – vor allem tiefenpsychologisch – immer neu sich verifizierenden Logik handelt. Anlaß zur Beschäftigung mit der Astrologie war für den Verfasser dieses Buches nicht zuletzt auch eine psychotherapeutische Analyse, bei der er erstaunt die Erfahrung machte, daß er sich selbst tatsächlich in seinem Horoskop wiederfand und dann entdeckte: Dieses oder jenes, was ihm bis dahin an ihm selbst ganz selbstverständlich war, das könnte auch anders sein und ist bei anderen auch anders. Es macht in dieser Weise, wie es sich bei ihm zeigt, offenbar gerade seine Eigenart aus, mit der er leben muß. Wenn es darauf ankommt, sich selbst zu begreifen, ist es eine Hilfe zu sehen, was anlagemäßig zur eigenen Persönlichkeitsstruktur gehört – das spiegelt sich im Horoskop wieder – und was auf geschichtlich bedingte Prägung durch die Umwelt zurückgeht und eventuell aufzuarbeiten ist. So steht der Name C. G. Jungs dafür, daß sich Astrologie ernsthaft als Hilfe für die Lebensberatung anbietet. Ein Arzt freilich, der den Menschen weder in seiner leibseelischen Einheit noch in seinen kosmischen Beziehungen im Blick hat, wird es von vornherein für einen Unsinn halten, sich mit dem Horoskop eines Patienten zu beschäftigen. Umgekehrt haben der Arzt und der Psychologe, die die Astrologie zu Hilfe nehmen, womöglich keine Erklärung für die Zusammenhänge, die sie sich zunutze machen. Auch wenn Jung vom »synchronistischen Prinzip« spricht, sind diese Zusammenhänge ja noch nicht erklärt, sondern lediglich benannt.

Die tiefenpsychologischen Forschungsergebnisse C. G. Jungs werfen noch auf eine weitere Eigenart der Astrologie neues Licht. Jung hat neu den Realitätswert der Mythen zur Geltung gebracht: In den mythischen Gestalten finden bestimmte Strukturen des Unbewußten, die in allen Menschen wirksam sind, ihren Ausdruck. Jung nennt sie die Archetypen des kollektiven Unbewußten. Der Mythos ist aber auch gleichsam das Rüstzeug der Astrologie. Die Planeten beispielsweise tragen Namen mythischer Gottheiten, und zwar nicht als äußerliche und beliebig austauschbare Bezeichnungen. Vielmehr dient, was im Mythos zu den einzelnen Göttergestalten assoziiert wird, in der Astrologie dazu, zum Ausdruck zu bringen, was den Planeten, die ihren Namen tragen, im Menschen entspricht. Andererseits entspricht es auch der Eigenart des jeweiligen Planeten, der Eigentümlichkeit seiner Bewegungen, seiner Farbe usw. Der Planet *Merkur* etwa trägt seinen Namen, weil er an den Götterboten des antiken Mythos erinnert: Denn aufgrund seiner im Vergleich zu anderen Sternen raschen Bewegung erweckt er den Eindruck, geschäftig hin und her zu laufen. Zudem hält er sich gleichsam zurück. Denn weil er sich immer mehr oder weniger in der Nähe der Sonne aufhält, tritt er – von ihr überstrahlt – meist kaum in Erscheinung. Im Menschen entspricht ihm eine gewisse Wendigkeit. Damit ist zunächst noch nichts darüber gesagt, in welchem Bereich und in welcher Weise das Merkurhafte konkret im Menschen ausgeprägt ist: ob als Kombinationsgabe, als Fähigkeit zu vermitteln, als Organisationstalent oder als listige Schläue oder gar als die Gewandtheit des Betrügers und Diebes – Merkur ist im Mythos ja auch der Gott der Diebe. Die Parallelität der Phänomene, von der im Zusammenhang mit dem synchronistischen Prinzip schon die Rede war, beruht also auf Entsprechungen struktureller Art, die im Medium des Mythos artikulierbar werden:

Was in der Bildersprache des Mythos zum Ausdruck kommt, gilt »wie oben so unten« – wie ein alter Grundsatz astrologischer Weisheitslehre besagt.

Die Astrologie befindet sich im Schnittpunkt von Astronomie und Psychologie. Darum bleibt die Astrologie auch trotz der »kopernikanischen Wende« der Astronomie weiterhin geozentrisch orientiert; das heißt, sie befaßt sich mit dem Sternenhimmel, wie er sich dem Menschen auf der Erde darstellt. Richtiger noch wäre es, von der *Anthropozentrik der Astrologie* zu sprechen: Der Mensch steht im Mittelpunkt. Er erfährt sich als einen kleinen Kosmos, als »Mikrokosmos«, im Spiegel des Alls, des »Makrokosmos«, wie dieser sich ihm im Bild des Planetenhimmels darstellt. Wenn die Astrologie in dieser Weise eine *Entsprechung von Makrokosmos und Mikrokosmos* behauptet und im Horoskop zur Darstellung bringt, ist freilich vorausgesetzt, daß das, was an den Planeten beobachtet wird, für den gesamten Makrokosmos gilt. Das aber war in der Tat spätestens seit Pythagoras († um 500 v. Chr.) die Überzeugung der Antike und des Mittelalters: Sie sahen im Verhältnis der Planeten zueinander eine Harmonie, die – als »Sphärenmusik« – im ganzen Universum waltet und auch in den Gesteinen und Metallen, in der Flora und in der Fauna und schließlich auch im Menschen, in seiner Seele, aber auch in den Organen und Gliedern seines Leibes, ihre Entsprechungen hat.

Aufgrund der Entsprechung von Makrokosmos und Mikrokosmos beschäftigt sich die Astrologie mit der Persönlichkeitsstruktur und den Entwicklungstendenzen, die im Menschen grundgelegt und der Planetenkonstellation am

14

Himmel abzulesen sind. Sie leugnet nicht, daß es darüber hinaus viele andere Faktoren gibt, die den Lebensweg eines Menschen mitbestimmen. Sie negiert vor allem nicht den Spielraum menschlicher Freiheit. Die christlichen Astrologen des Mittelalters sagten: Astra inclinant, non necessitant. Das heißt: Die Sterne geben die Richtung an, nicht aber Zwänge. Die Intention dieses Grundsatzes ist es, jeden kosmischen Determinismus, jedes Festgelegtsein des Menschen durch die Konstellation der Gestirne ausdrücklich abzulehnen, zugleich jedoch eine »kosmische Bedingtheit der Psyche« zu betonen – um einen Buchtitel von S. Strauß-Kloebe (Weilheim 1968) aufzugreifen. Das Horoskop läßt sich mit einem Wetterbericht vergleichen: Wenn dieser sagt, daß sich Regen abzeichnet, wird man sich danach richten, ohne das als Zwang zu empfinden.

Kein Mensch tritt gleichsam als »unbeschriebenes Blatt« ins Leben. Vielmehr sind jedem je eigene Möglichkeiten und Grenzen der Entfaltung vorgegeben. Der Mensch gewinnt seine Freiheit, indem er sich in diese seine Vorgegebenheiten einschwingt. Das bedeutet freilich gleichzeitig die Freiheit, es nicht zu tun und sozusagen in einem Nein zu sich selbst zu leben.

Um sich selbst zu finden, bedarf es der Selbsterkenntnis. Dazu kann das Horoskop eine Hilfe sein: Ein Horoskop hat seinen Wert als Meditationsbild, als Hilfe zur Selbstfindung.

Diesen Satz vom kirchlichen Verständnis des christlichen Heilsweges her zu entfalten und gegen andere Vorstellungen von Astrologie abzugrenzen, soll im vorliegenden Buch versucht werden.

Mit dem Begriff »Meditationsbild« ist schon eine erste Abgrenzung gegeben: Astrologie ist mehr eine Sache assoziativer Logik als möglichst exakter Berechnung. Denn

Astrologie, wie sie hier verstanden wird, ist nicht darauf aus, Zukünftiges vorauszubestimmen. Diese Abgrenzung ist wesentlich.

In der Fixierung auf Prognosen für die Zukunft liegt die Hauptgefahr jeder Beschäftigung mit der Astrologie, auf die auch die Heilige Schrift (vgl. Gal 4,9; Kol 2,8ff) mit allem Nachdruck aufmerksam macht.

Die einzige Stelle im Neuen Testament, die davon spricht, daß Menschen an einem Stern ein für sie bedeutsames Ereignis ablesen und sich von diesem Stern leiten lassen, ist die Geschichte von den Magiern im 2. Kapitel des Mattäusevangeliums. Doch wird hier wohl nicht ohne Bedacht über diesen Stern hinaus auf den verwiesen, dem dieser Stern gehorcht und zu dem er hinführt. Papst Gregor der Große († 604) sagt in einer Predigt zum Fest der Erscheinung des Herrn über diese Stelle: »Wenn wir die Worte des Evangeliums recht erwägen, . . . so wurde nicht der Stern zum Schicksal des Knaben, sondern er, der als Knabe erschien, wurde zum Schicksal des Sterns.« Ähnlich Papst Leo der Große († 461): »Der das Himmelszeichen gegeben, verlieh denen, die es sahen, auch Erkenntnis; was er erkennen ließ, das ließ er auch suchen, und gesucht, ließ er sich finden.«

Gnosis statt Glaube?

Letzte Grundlage für eine christliche Beschäftigung mit der Astrologie ist der Glaube an das Wort Gottes, durch das alles geworden ist: »Ohne das Wort wurde nichts, was geworden ist« (Joh 1,3). Dieses Durchwirktsein der ganzen Schöpfung von ihrem göttlichen Ursprung wurde auch außerhalb des biblischen Offenbarungsglaubens

16

erahnt und in der erwähnten Vorstellung einer universalen Harmonie zum Ausdruck gebracht. Bei dem römischen Dichter Marcus Manilius heißt es im 4. Buch seiner Kaiser Tiberius gewidmeten »Astronomica«: »Was Wunder, wenn die Menschen es vermögen, die Welt zu kennen, da doch die Welt in ihnen ist und jeder im kleinen ein Abbild des göttlichen Urbildes?« Und der heidnische Astrologe J. Firmicus Maternus schreibt im 4. Jahrhundert n. Chr. in seinen »Acht Büchern der Wissenschaft über die Macht der Sterne aufgrund der Lehre der Ägypter und Babylonier«: »Wer reinen Herzens und in die Geheimnisse der Sternenwelt eingedrungen ist, vereinigt sich selbst mit den Göttern des nächtlichen Himmels«. Die Astrologie hat letztlich wohl deshalb immer wieder Menschen, gerade auch Menschen von einer großen Weite des Geistes, in ihren Bann gezogen, weil sich in ihr menschliches Suchen nach einem umfassenden Heil manifestiert, in aller leidvollen Erfahrung der Entfremdungen und der Mißklänge in der Welt das Sehnen nach einer universalen Versöhnung, nach Vereinigung mit dem All-Einen – oder auch das gerade Gegenteil: eine letzte Verzweiflung, die sich durch den Hinweis auf die Unabänderlichkeit eines durch die Sterne festgelegten bösen Geschicks zu rechtfertigen sucht.

Astrologie ist von ihrem Ursprung her wesentlich religiös. In der Astrologie spiegelt sich die Einstellung des Menschen zum Universum und zu seinen letzten Beweggründen wider.

Darum hat Astrologie ihren festen Platz in esoterischen Weisheitslehren unterschiedlicher Prägung. Häufig gibt sie sich als die höhere Weisheit, die die Enge der irdischen Gesetze und der Abgrenzungen und Dogmen geschichtlicher Institutionen – auch der Kirche – übersteigt.

Erwähnt sei die *Astrosophie*, eine Mysterienlehre, die in Bildern, die auch in der christlichen Verkündigung geläufig sind, vom Weg der Reifung des Menschen gemäß der am Sternenhimmel vorgezeichneten Harmonie spricht, die sich in kosmischer All-Einheit vollendet. Neben christlichem Gedankengut stößt man hier freilich auch auf außerchristliche Vorstellungen. Dazu gehört vor allem die Lehre von der *Reinkarnation*, von der Seelenwanderung.

Die Astrosophie ist nur eines der vielfältigen Weltanschauungssysteme gnostischer Prägung, deren Grundlage immer die Vorstellung von einer den ganzen Kosmos durchwaltenden und zusammenhaltenden Intelligenz oder Geistseele ist. Doch selbst wenn diese höchste Intelligenz »Gott« genannt wird, ist damit nicht schon ohne weiteres gesagt, daß dieser »Gott« etwas mit dem Gott der christlichen Offenbarung zu tun hat. Es gibt jedenfalls auch Formen der Gnosis, die – heute nicht weniger als in der Frühzeit der Kirche – eine größere, weil sublimere Gefährdung der christlichen Botschaft bedeuten als aller praktische und theoretische Materialismus. Denn es ist nicht allzu schwer, sich gegenüber allem Ungeistigen abzugrenzen. Doch bedarf es einer großen Erfahrung des Herzens, »die Geister zu prüfen, ob sie aus Gott sind« (1 Joh 4,1).

– Gnosis steht rational zumeist auf höchstem Niveau, ja, fasziniert geradezu durch ihre Weite des Geistes, die den meisten Menschen verschlossen ist.

Gnosis ist immer in irgendeiner Weise Geheimwissen, das die »Eingeweihten« in esoterischen Zirkeln miteinander verbindet. Das gilt auch für die gnostisch orientierte Elite der heutigen Naturwissenschaftler, die zwar jeden Mythos ablehnt und darum wohl auch kaum einen Zugang zur traditionellen Astrologie hat, rational aber die Gnosis auf ein ganz neues Fundament stellt.[2]

- Gnosis kommt mit ihrer pantheistischen Grundeinstellung dem religiösen Urbedürfnis des Menschen entgegen und zeigt ihm einen »erhabenen« Weg.

Gnosis weiß sich erhaben über religionsgeschichtliche und konfessionelle Begrenztheit und fasziniert so durch ein »großes« Gottesbild und durch die Einladung, sich aus aller als Entfremdung erfahrenen individuellen Begrenztheit im Banne sich widerstreitender »Götter« niederer Ordnung zu befreien – hier wurzelt ihr Ethos – und sich mit dem alles umfassenden Weltbewußtsein zu vereinen. Doch dieses höchste Wesen ist mehr ein »Es«, in das der einzelne sich hineinverliert, als ein »Er«, der sich als liebendes Du zum einzelnen hinabneigt. Darum steht die Gnosis dem Buddhismus, ja, selbst noch dem Islam und sogar dem alttestamentlichen Gottesbild näher als der Verkündigung Jesu.

- Für ein Bekenntnis zu Jesus als dem Sohn Gottes, der »im Fleisch« (1 Joh 4,2), in der Konkretheit menschlicher Geschichte erschienen ist, ist in solcher Gnosis kein Platz.

Darum gilt gegenüber der »Weisheit« der Gnosis das »Wort vom Kreuz« (1 Kor 1,18): Christlicher Glaube sieht allein im Kreuz Christi die Versöhnung des Kosmos und das Heil des Menschen begründet und erkennt im Gehorsam des Sohnes, der auf die bergende Liebe des Vaters vertraut, das Gesetz menschlichen Reifens.
Gegenüber jeder unbiblischen Gnosis muß sich also christliche Astrologie ebenso absetzen wie gegenüber jedem Aberglauben. Das gilt jedoch nicht nur für die Astrologie, sondern ist eine bleibende Aufgabe der Verkündigung der christlichen Frohbotschaft. Die Grenze

zwischen christlichem Glauben und Astrologie liegt also nicht dort, wo eine mehr vom Rationalismus positivistischen Aufklärungsdenkens als von der Rationalität eines kritischen Glaubens bestimmte Polemik sie haben möchte.

Es gehört zu den verheerenden Folgen der Aufklärung in der Kirche, daß die christliche Verkündigung aus dem Auge verloren hat: »Heil«, wie das Neue Testament es versteht (und etwa in den Heilungsgeschichten deutlich macht), meint eine umfassende psychosomatische und geist-liche Einheit und beinhaltet zugleich eine soziale und eine kosmische Versöhnung, in der die Erfahrung der Entfremdung aufgehoben ist. Wenn astrologische Weisheit in der Kirche heute keinen Platz mehr hat, stellt sich also die Frage: ob aufgrund tieferer Einsicht des Glaubens oder aufgrund verlorener Weisheit infolge allzu unkritischer Anpassung an die Wissenschaftsgläubigkeit der Zeit. Wo die Welt nur aus einzelnen Objekten besteht, gibt es keine Kommunikation mit dem Ganzen.

Das Aufblühen esoterischer Gnosis ist immer auch eine Anfrage an die Kirche(n), wieweit hier die Tradition gläubiger Weisheit überzeugend lebendig ist, wieweit hier der Ort ist, an dem die Welt nicht nur kritisch auseinandergenommen wird, sondern mehr noch als vom Wort Gottes durchwirkte Einheit ins Auge gefaßt und erfahren wird.

II. Zur Geschichte der Astrologie

Babylonier und Griechen[3]

Das System der Astrologie, wie es in unserem Kulturraum seit dem Altertum geläufig ist und – mit nur geringfügigen methodischen Unterschieden in den verschiedenen Schulen – heute noch gehandhabt wird, ist in Mesopotamien entstanden, besonders im Chaldäerreich. »Chaldäer« ist darum im Altertum für Sterndeuter die Bezeichnung schlechthin. Horoskope sind freilich erst für die hellenistische Zeit der Seleukidenherrschaft im 3. und 2. Jahrhundert v. Chr. nachweisbar. Doch schon lange vorher kannte man den Tierkreis (»Zodiakus« vom griechischen Wort »zodia« = »Lebewesen«) mit seinen zwölf Sternbildern entsprechend den zwölf Monaten des Jahres als Orientierungshintergrund der stets sich verändernden Stellung der »Wandelsterne« (Planeten). Spätestens im 2. Jahrhundert hatte man ihn in 360 Grade unterteilt. Seitdem sind von den Sternbildern die gleichnamigen Tierkreiszeichen zu unterscheiden. Sie bezeichnen einen Abschnitt von 30° auf der Bahn, auf der sich die Planeten – von der Erde aus gesehen – am Himmel bewegen. So läßt sich der jeweilige Stand der Planeten – zu denen in der Astrologie auch Sonne und Mond zählen – trigonometrisch bestimmen. Das ermöglicht es zugleich, nicht nur Opposition und Konjunktion, sondern auch andere herausragende Abstände auf der Gradskala des Tierkreises – die sog. »Aspekte« – zu erfassen.

Der griechische Astronom Hipparch entdeckte im 2. Jahrhundert v. Chr., daß sich der Punkt, an dem die

Sonne bei der Tag-und-Nacht-Gleiche am Frühlings- und Herbstanfang steht, langsam, aber stetig verschiebt. Davon wird noch zu sprechen sein. Jedenfalls ging man nun konsequent bei der Bestimmung der Planetenörter nicht mehr von Fixsternen aus, sondern vom »wahren« Sonnenstand zur Frühlings-Tag-und-Nacht-Gleiche als »Anfang« des Tierkreises. Um die Mitte des 2. Jahrhunderts n. Chr. ist mit dem »Tetrabiblos« genannten Werk des alexandrinischen Astronomen Claudius Ptolemaeus ein gewisser Abschluß der Entwicklung gegeben: Er scheidet die Beobachtung der nichtzodiakalen Gestirne aus dem Aufgabenbereich der Astrologie aus.

Über die Araber fand die Astrologie ihren Weg ins Abendland – freilich zunächst nur zögernd angesichts der eindringlichen Mahnung des Apostels Paulus: »Wie könnt ihr jetzt, da ihr Gott erkannt habt, vielmehr von Gott erkannt worden seid, wieder zu den schwachen und armseligen Elementarmächten zurückkehren? Warum wollt ihr von neuem ihre Sklaven werden? Warum achtet ihr so ängstlich auf Tage, bestimmte Zeiten und Jahre? Ich fürchte, ich habe mich vergeblich um euch bemüht« (Gal 4,9–11). Doch finden wir astrologische Vorstellungen immerhin auch im Rahmen der biblischen Offenbarungsreligion Alten wie Neuen Testaments.

Astrologie im Raum alttestamentlicher Offenbarungsreligion

Das Buch Daniel etwa zeigt, daß der Verfasser zwar auf der Seite des gesetzestreuen Judentums gegen die hellenistische Fremdherrschaft Partei ergreift. »Die Astrologie jedoch, eines der wesentlichen Merkmale der hellenistischen Kultur, hatte er in sein Denken mit aufgenommen.«[4]

Im Buch Henoch (aethHen 72–82) wird die entscheidende Voraussetzung für diese Übernahme babylonischer Astrologie besonders deutlich: Die Astralgötter werden zu Engelwesen, die – in streng hierarchischer Ordnung – ihre Herrschaft gemäß göttlicher Vorherbestimmung ausüben.

Auch in der Literatur der Gemeinde von Qumrān begegnen wir astrologischen Angaben.[5] Und D. Feuchtwang weist darauf hin, daß sich im jüdischen Synagogenritus bei Verdoppelung, Verdreifachung, Versiebenfachung verschiedener Anrufungen und Benedeiungen unbewußt oft uralte astrale Zahlenmystik auswirkt: »Wir werden deshalb nicht erstaunt sein, dem Tierkreis, der eine der wichtigsten astronomisch-astrologischen Annahmen ist, im hebräischen Schrifttum ältester und jüngerer Zeit auf Schritt und Tritt zu begegnen«.[6]

Im 1. Jahrhundert n. Chr. bezeugt Flavius Josephus in seiner Schilderung des Jerusalemer Tempels, im Innern hätten die sieben Lampen des (Siebenarmigen) Leuchters die Planeten, die auf dem Tisch liegenden zwölf Brote den Tierkreis und das Jahr angezeigt.[7] Trotz des alttestamentlichen Bilderverbots finden wir den Tierkreis mehrfach auch als Fußbodenmotiv jüdischer Synagogen aus dem 4. bis 6. Jahrhundert n. Chr., heute noch gut erhalten in Beth Alpha und ausgerechnet in Tiberias, dem damaligen Zentrum jüdischer Talmudgelehrsamkeit und Sitz der obersten religiösen Instanzen des palästinensischen Judentums. In der rabbinischen Literatur wird jedoch immer wieder darauf hingewiesen, daß der Fromme nicht unter der Herrschaft eines Sternengeschickes steht.[8] Die Tierkreisdarstellungen in den Synagogen Israels stehen somit nicht im Widerspruch zur Souveränität Gottes; sie sind vielmehr Ausdruck eines Glaubens, der nicht »das Feuer, den Wind, die flüchtige Luft, den Kreis der Gestirne, die gewaltige Flut oder die Himmelsleuchten für weltbeherrschende Götter« hält, sondern »beim Anblick der Werke den Meister« erkennt (vgl. Weish 13,1f): »Der Tierkreis vermittelt zwischen irdischer und himmlischer Welt, spiegelt Gottes Willen, Gesetz und Treue zu seinem Geschichtsplan. Damit wird der Tierkreis zu einem Bild der Hoffnung, zu einem Symbol der erwarteten Erlösung.«[9]

Astrologie im Raum der Kirche

In neutestamentlichen Schriften haben die Elemente, die Planeten und die Tierkreiszeichen als literarische Gestaltungsmomente ebenfalls ihren Niederschlag gefunden.[10] Doch stößt Astrologie im eigentlichen Sinn bei den Kirchenvätern zumeist auf heftige Ablehnung[11], stand doch die Kirche in ihrer Frühzeit in einer äußerst gefährlichen Auseinandersetzung mit geistigen Strömungen und Systemen, die man unter dem Begriff Gnosis zusammenfaßt.

Der Optimismus des klassischen Griechenlands, der Glaube, die Struktur des Kosmos im Logos klar durchschauen und rational erfassen zu können, war in der hellenistischen Welt der Spätantike zerbrochen. Der Hingabe an das Schicksal – dem »amor fati« – im Vertrauen auf die weise Herrschaft der Götter stand mehr und mehr die Erfahrung entgegen, nicht in eine wohltuende Harmonie, sondern in das Spiel irrationaler Kräfte einbezogen zu sein. Das ist der Grund für die Faszinationskraft des gnostischen Mythos, wie er etwa als Lehre des Weisheit vermittelnden Gottes Hermes, des »Dreimalgrößten« (»Trismegistos«), in den – nach diesem benannten – »hermetischen« Schriften des 2./3. Jahrhunderts n. Chr. seinen Niederschlag gefunden hat. So hatten die astrologischen Vorstellungen eine ausgesprochen fatalistische Ausprägung erhalten: Der Mensch, da er »nach dem Bilde des Kosmos gemacht« ist[12] und so »die Natur der Harmonie der Sieben (= Planeten) angenommen hat«, sah sich »in diese Harmonie hineingebunden als ihr Sklave«.[13] Astrologie wurde nun zum Versuch, im Wissen um die Sterne ihrer Macht zu entrinnen. Das Horoskop wurde zur geheimzuhaltenden Offenbarung des Erlösungsweges. Gegenüber solchem Schicksalsglauben im Gewande astrologischer »Philosophie« galt es, kompromißlos die Frohe Botschaft zu bezeugen, daß der Glaube an Jesus Christus die Freiheit von den »Weltmächten« bedeutet.[14]

Als dann die Astrologie doch Eingang in den Raum der Kirche fand, kam darum zunächst alles darauf an, ihre Vereinbarkeit mit dem christlichen Glauben zu zeigen. Als das entscheidende Problem stellte sich die Frage, wie weit die Freiheit des menschlichen Willens gewahrt bleibt. Darauf eine Antwort zu geben, versucht eine anonyme Schrift, die lange Zeit dem universal gebildeten Bischof, Naturwissenschaftler und Theologen Albertus Magnus zugeschrieben wurde: das Speculum astronomiae.[15] Der Autor räumt der Astrologie ein weites Feld ein, setzt ihr jedoch auch klare Grenzen. Keine Schwierigkeiten sieht er bei der Erkenntnis und Vorhersage von Dingen und Ereignissen, die nicht vom Willen des Menschen abhängen (Kap. 13). Dann wendet er sich der Deutung von Geburtshoroskopen zu. Sofern der Frage nachgegangen werden soll, was unter mehreren Möglichkeiten besser ist, gehört es für ihn gerade zum rechten Gebrauch der Freiheit, die Astrologie einzubeziehen (Kap. 14). Er geht dabei von drei wichtigen, für die Folgezeit wegweisenden Überzeugungen aus: 1. Die Gestirne legen den menschlichen Willen nicht fest, sie zeigen lediglich gewisse Eignungen (aptitudines) für eine Tugend oder ein Laster an. 2. Wenn trotzdem auch zukünftige Handlungen, die sicher eintreffen, aber aus freier menschlicher Entscheidung hervorgehen, im Buche des Universums aufgezeichnet sind, ist das nichts anderes als ein Ausdruck des göttlichen Vorherwissens und darum ebenso wie dieses mit der Freiheit des Menschen vereinbar. 3. Da Gott zweifellos nicht will, daß der Mensch alles voraussehen kann, soll der Astrologe keine Aussagen machen, wenn die Zeichen nicht eindeutig sind (Kap. 15).

Die Wahrung der Freiheit des Menschen blieb weiterhin ein Problem – nicht nur der Astrologie. Doch wenn dieses Problem immer wieder auch im Zusammenhang mit der Astrologie behandelt wurde, dann gerade deshalb, weil zumindest ein gewisser Realitätswert der astrologischen Aussagen nicht geleugnet wurde. Auch Thomas von Aquin († 1274) beteiligt sich – in Frage 115 seiner Summa Theologica – an der Diskussion. Er unterscheidet: Seiner »Natur« nach unterliegt der Mensch in seinen Neigungen unmittelbar der Prägung durch die Himmelskörper bzw. die geistigen Wesenheiten, die durch sie wirksam sind. Doch wenn er aufgrund seines Verstandes und mehr noch aufgrund seines Willens wirklich als »Mensch« handelt, ist er frei. Der Wille steht nicht unter dem Zwang, diesen natürlichen Neigungen zu folgen. Freilich: »Die Mehrzahl der Menschen folgt den Leidenschaften, den Regungen des sinnlichen Strebevermögens, bei denen die Himmelskörper mitwirken können. Es gibt aber wenige Weise, die derartigen Leidenschaften widerstehen. Und darum können die Astrologen in den meisten Fällen Wahres vorhersagen, vor allem im allgemeinen, nicht jedoch im einzelnen. Denn nichts hindert einen Menschen, durch freie Selbstbestimmung den Leidenschaften zu widerstehen. Darum sagen auch die Astrologen selbst: ›Der weise Mensch steht über den Sternen‹, sofern er nämlich über seinen Leidenschaften steht«.[16]

Ihre bislang letzte große Blütezeit erlebten Astronomie und Astrologie – als zwei Seiten ein und derselben Wissenschaft – in der gelehrten Welt des Humanismus und der Renaissance. Mehr als 6200 Titel aus dieser Zeit der ersten Erzeugnisse der Buchdruckerkunst (von 1448 bis 1630) allein in Deutschland lassen »die große Beachtung erkennen, die damals den Himmelsvorgängen und ihrer Deutung entgegengebracht wurde«.[17] Zeugnis dieser Periode ist auch das Horoskop auf dem Grundstein der Kirchtürme der Benediktinerabtei Niederaltaich. Hier sind nicht nur astronomische Daten festgehalten, sondern zugleich Aussagen gemacht, die wir heute eindeutig als astrologisch bezeichnen. Über dem Horoskop ist neben dem damaligen Kaiser Maximilian I. (1493–1519) als regierender Papst Leo X. (1513–1521) erwähnt, der in Rom sogar einen Lehrstuhl für Astrologie einrichtete. Auch der reformatorische Theologe Melanchthon († 1560) hielt Vorlesungen über Astrologie. Bei Martin Luther fand er dafür freilich kein Verständnis.[18] Auf katholischer Seite hielt wenig später die vom Konzil von Trient mit der Erstellung eines »Verzeichnisses verbotener Bücher« beauftragte Kommission solche astrologischen Schriften für unvereinbar mit dem christlichen Glauben, die den Anspruch erheben, sichere Voraussagen zu machen (astrologiae iudiciariae libri).[19] Doch erst der Rationalismus der Aufklärung verwies die Astrologie in den Bereich des Aberglaubens.

Noch J. Kepler jedoch mag sich »dieser Experientz mit Warheit rühmen, daß der Mensch in der ersten Entzündung seines Lebens, wann er nun für sich selbst lebt und nicht mehr in Mutterleib bleiben kan, einen Characterem und Abbildung empfahe totius constellationis coelestis . . . und denselben biß in sein Grube hieneyn behalte, der sich hernach in formierung deß Angesichts und der ubrigen Leibsgestallt so wol in deß Menschen Handel und Wandel, Sitten und Geberden mercklich spüren lasse.«[20] Dabei versteht auch Kepler »Charakter« – die »Abbildung der gesamten Konstellation am Himmel« – als eine Prägung im Sinne nicht eines Festgelegtseins, sondern eines Angelegtseins: »Gleich wie es mit dem Schwimmen und mit dem aufrecht eynhergehen beschaffen, das muß der Mensch mit großer Mühe und langer weil lernen: ein Kalb kan es von Natur ungelernet.«[21]

Das Interesse Keplers richtet sich ganz und gar auf die »Geometrie«, d. h., die Harmonie des Kosmos »als bindendes Band zwischen Astronomie, Optik, Physik und Theologie«.[22] Insofern setzt er einen wichtigen Markstein in der Geschichte der Astrologie an der Wende zur Neuzeit. Das angeführte Zitat macht drei wegweisende Positionen Keplers deutlich:

1. Der »Einfluß« der Gestirne besteht darin, daß sich die planetarische Gesamtkonstellation in der Seele abbildet, in ihr wie in einem Punkt als Anlage verdichtet, und zwar in dem Augenblick, da der Mensch mit der Geburt in die Selbständigkeit seines Daseins entlassen wird.

2. Grundlage astrologischer Aussagen ist darum das Geburtshoroskop. Seiner Deutung gilt das Hauptinteresse. Auch wenn darin sich abzeichnenden Zukunftsperspektiven nachgegangen wird, lassen sich astrologisch doch niemals konkrete Ereignisse vorherbestimmen.

3. Das Problem der Freiheit stellt sich für den mit Vernunft und Entscheidungsfähigkeit begabten Menschen als Aufgabe der Selbstfindung und der entsprechenden Einübung.

Keplers Astrologie-Reform bedeutete jedoch auch eine Eingrenzung der astrologischen Aussagemöglichkeiten, da er von seinem geometrischen Ansatz her zur mythologischen Dimension der Astrologie keinen Zugang hatte. So maß er der üblichen Charakterisierung der Tierkreiszeichen – »wie die Alten die zwölff Zeichen unter die sieben Planeten außgetheilt«[23] – keine Bedeutung bei. Bis heute folgen ihm darin die mehr naturwissenschaftlich orientierten Astrologen, z. B. der Kreis um die Zeitschrift »Kosmobiologie«. Auch sie halten es für unsinnig, wenn man den Tierkreiszeichen jeweils einen der Planeten gleichsam als »Hausherrn« oder »Dispositor« zuweist. Denn – so wird argumentiert – hier handle es sich ursprünglich lediglich um mythische Monatsgötter, so daß »die Herren der Häuser keine Realität darstellen und für die moderne Forschung, die Kosmobiologie, keine Grundlage geben können«[24]. Dagegen läßt sich allerdings darauf hinweisen, daß der Mythos mit sehr strenger, auf jahrtausendelanger Erfahrung beruhender Konsequenz vorgeht. Hier hat C. G. Jungs Archetypenlehre neue Möglichkeiten wissenschaftlicher Überprüfbarkeit der Astrologie erbracht.

Astrologie – Schlüssel zur Einheitswirklichkeit von Mensch und Kosmos

Die Hinweise auf die hermetische Gnosis des Späthellenismus haben schon deutlich gemacht: In der Antike (und im Mittelalter) führte die Astrologie nicht ein isoliertes Dasein. Sie hatte ihren Platz im Rahmen der Lehre von der umgreifenden Einheitswirklichkeit des Kosmos, die seit Pythagoras, über Platons Timaios bis hin zu Kepler als »Harmonie« verstanden wurde. O. Apelt schreibt dazu in seiner Timaios-Ausgabe: »Die Pythagoreer wurden zuerst der großen Bedeutung inne, welche Zahl und Maß für eine

wissenschaftliche Erkenntnis der Natur haben . . . Das
einzige Gebiet nun, auf dem schon die Griechen eben in
der Schule der Pythagoreer die Erkenntnis der Abhängigkeit sinnlicher Erscheinungen von Zahlenverhältnissen
zur vollen und richtigen Theorie entwickelt haben, war
das der Musik. Kein Wunder also, wenn sie die erkannten
musikalischen Gesetze auf den nächstliegenden und zugleich erhabensten Gegenstand unseres wissenschaftlichen
Erkenntnistriebes, auf den Bau des Weltalls anwenden zu
müssen glaubten. Die harmonischen Gesetze der Tonfolge
in der Oktave übertrugen sich ihnen um so gewisser und
mit um so zwingenderem Parallelismus auf den Bau des
Weltalls, als die enge Verbindung des Seelischen mit dem
Sinnlichen in der Musik unwillkürlich den Gedanken an
die vom Odem der Gottheit belebte Weltordnung wach-
rief . . . In der Oktave stellt sich die Begrenzung der unbe-
stimmten Zweiheit durch das Maß der Einheit, deren Ergebnis die bestimmte Zweiheit ist, gleichsam unmittelbar
sinnlich dar.[25] Sie ist die Harmonie selbst. Und so ist diese
Harmonie auch das Band, welches die Urgründe, das Eine
und das Viele, zum Kosmos verbindet. Die wunderbare
Ordnung dieses Kosmos findet aber vor allem ihren Ausdruck in den nach ganz bestimmten Zahlenverhältnissen
geregelten Abständen der Planeten, mit Einschluß des
Mondes und der Sonne, von der Erde und voneinander. Sie
bilden ein großes musikalisches System, dessen Abmes-
sungen gewissen Intervallen der Tonleiter entsprechen.«[26]

Vor allem in der Astrologie wurde auch das Hauptpro-
blem dieses »harmonischen« Weltbildes deutlich: die Stellung des Menschen in diesem System. Doch daß – erstens
– die Harmonie des Gesamtkosmos sich in den Sternen
widerspiegelt und daß – zweitens – der Mensch in diese
Harmonie eingebettet ist, war unbestritten. Es war die

Grundlage des antiken Bildungsprogrammes der »Freien Künste«. Man könnte den verbindenden Grund dieser Bildung ein Wissen um kosmische Grundgesetzmäßigkeiten nennen, dargeboten in den »drei formalen Künsten« Grammatik, Dialektik und Rhetorik und den »vier realen Künsten« Arithmetik, Musik, Geometrie und Astronomie: »Die Arithmetik handelt von den Zahlen per se; damit gibt sie die allgemeine Grundlegung dessen, was in Geometrie und Astronomie als Wirklichkeit der Zahlen erforscht wird. Die Musik aber stellt diese Wirklichkeit als Harmonie dar: musica mundana, Harmonie des Makrokosmos, musica humana, Harmonie des Mikrokosmos im Einklang von Leib und Seele des Menschen. Die rein biologische Anlage zur Harmonie, die der Mensch mit allem Lebendigen gemein hat, in einer ethischen Vervollkommnung zu übersteigen, ist aber das spezifisch menschliche Anliegen.«[27]

Gerade hier setzt aber auch die christliche Kritik ein. Schon Augustinus († 430) hatte das antike Bildungsprogramm kritisch relativiert, nachdem er in der Erfahrung der Sündhaftigkeit der in der Welt wie im Menschen wirksamen Mächte den christlichen Glauben als Weg zur Vollkommenheit erkannt hatte.[28] Diese Mächte halten den Menschen in einem dem wahren Leben entfremdeten Dasein gefangen (vgl. Eph 2,12ff; 4,18) und lassen einen Weg der Selbsterlösung, der ethischen Vervollkommnung aus eigener Kraft nicht zu. Gerade das hatte ja die Geschichte des klassischen Griechenland gelehrt, das nicht nur von der apollinisch-optimistischen Logik der Musen bestimmt war, sondern auch von der dionysisch-selbstvergessenen Irrationalität des Rausches und in der die großen Tragiker auf die zerstörerischen Schicksalsmächte aufmerksam gemacht hatten, in denen sich das menschliche Leben unausweichlich verstrickt, und ihr Realismus erwies sich schließlich als wirksamer. In der Frage nach dem Weg aus der Entfremdung zur Einheit des Lebens stellt sich darum das entscheidende Problem der Freiheit, der Befreiung des Menschen. Hier liegt – auch in der Astrologie – der eigentliche Unterschied zwischen der Gnosis und der christlichen Frohbotschaft vom Kreuz. Doch ist es gerade für die theologische Auseinandersetzung mit der Gnosis wichtig, in der christlichen Kreuzes-Theologie auch die im Kreuz wiederhergestellte Versöhnung des Alls hervorzuheben. Davon wird im theologischen Teil noch zu sprechen sein. Hier sei z. B. auf die Schrift »De laudibus Sanctae Crucis« – »Vom Lob des Heiligen Kreuzes« – von Hrabanus Maurus († 856)[29] verwiesen: Gleich im 1. Kapitel zeichnet er das »Bild Christi, das die Hände nach Art eines Kreuzes ausbreitet« und das All umspannt, und er wird nicht müde, in immer neuen Bildern zu zeigen, daß das Gesetz des Kreuzes in die ganze Schöpfung geheimnisvoll gleichsam hineinverwoben ist.

Im Mittelalter jedenfalls war dieser kosmische Aspekt der Kreuzes-Theologie so sehr lebendig, daß wieder neu ein kosmischer Optimismus zum Tragen kommen konnte, als in der Ordnung des christlichen Imperiums die chaotischen Mächte gebannt, weil in eine in der Wurzel wieder heile Welt eingebunden schienen. Es sei nur auf ein Werk des Honorius Augustodunensis aus der 2. Hälfte des 12. Jahrhunderts verwiesen, das den bezeichnenden Titel trägt: »De imagine mundi« – »Das Welt-Bild«.[30] Honorius schreibt: »Die sieben Kreise (der Planeten) drehen sich mit einer lieblich klingenden Harmonie; die süßesten Töne werden durch ihren Umlauf bewirkt . . . Von der Erde bis zum Himmel herrscht das Maß einer himmlischen Musik, und sie erweist sich als das Vorbild für die unsrige . . . Wie nämlich diese Welt durch sieben Klänge und unsere Musik durch sieben Töne unterschieden wird, so ist das Gefüge unseres Leibes siebenfach verbunden: der Leib durch vier Elemente, die Seele durch drei Kräfte, die durch die Kunst der Musik natürlicherweise versöhnt sind. Daher wird der Mensch Mikrokosmos, d. h. Welt im Kleinen genannt, insofern er sich als der Klangzahl der himmlischen Musik vergleichbar erweist« (I, 80–82).

Der kosmische Aspekt der Kreuzes-Theologie ging in dem Maße verloren, als die Glaubenswahrheiten zu einem dogmatischen Lehrgebäude objektiviert wurden und es zu einer Trennung von dogmatischer Theologie und »Aszese und Mystik« kam, so daß beide mehr und mehr ihr Eigendasein führten: eine Dogmatik, die nur mehr wenig geistliche Erfahrung verriet, und eine Spiritualität, die kaum noch theologisch, dafür um so mehr von moralischen Imperativen geprägt war, nur wenig dazu angetan, dem menschlichen Herzen die Angst zu nehmen. So forderten die Selbstsicherheit und Geschlossenheit der scholastischen Theologie eine vielseitige und vielschichtige Kritik heraus: Humanismus und Renaissance entdeckten neu die Vitalität des Menschen, seine Freiheit und seine Verbundenheit mit dem Universum, aber auch – darin mit der Reformation übereinstimmend – seine Tiefen und seine beängstigenden Abgründe. Was hier in einer neuen Suche nach Weisheit statt Wissen als Synthese angestrebt wurde, fiel anschließend in den vielfältigen Polarisierungen auseinander, die die Neuzeit kennzeichnen: Reformation und Gegenreformation, rationalistische Aufklärung und esoterischer Okkultismus, materialistischer Positivismus und idealistischer Pantheismus. Indem die alte Kirche sich mehr und mehr geistigen Strömungen gegenüber verschloß, verlor sie auch den Zugang zu dem, was in ihnen – nun in häretischer Verabsolutierung und in Abwendung von der Kirche – erspürt wurde. Seitdem hatte im Raum der Kirche auch Astrologie keinen Platz mehr.

Auf eine für die Zeit des Humanismus repräsentative Gestalt sei hier noch etwas näher eingegangen: Heinrich Cornelius Agrippa von Nettesheim († 1535), in dessen Schriften die vielschichtige Problematik christlicher Astrologie besonders deutlich wird.[31] Agrippa hat selbst sehr intensiv Astrologie betrieben; er hat aber auch – was oft übersehen wird – auf ihre Grenzen hingewiesen und vor ihren Gefahren gewarnt. Er war überzeugt, daß der Astrologie eine Schlüsselfunktion zukommt für die Erkenntnis des dem Menschen von Gott her vorgezeichneten Weges, auf dem er zur Harmonie der Seele gelangt. Denn der Mensch ist für Agrippa »das vollkommenste Bild (imago) des ganzen Universums, das in sich ganz und gar die Harmonie des Himmels enthält, und ohne Zweifel spiegeln wir darin die Signaturen und Eigenschaften (signacula characteresque) aller Sterne und himmlischen Einflüsse wider«. Diese Einflüsse – so betont er ausdrücklich – sind nicht auf physische, d.h. instrumentalursächliche Weise wirksam, sondern insofern sie Widerspiegelungen göttlicher Fügungen sind: nicht als Ursachen, sondern als Signaturen, die auf ihnen entsprechende Wirkungen hinweisen, wobei die Signaturen und die Wirkungen die gleichen Ursachen haben (non ut causae, sed ut signa per effectus consimiles, ab eadem causa causatos). Das besagt ein Zweifaches: Einerseits liegt im Zusammenspiel der Kräfte, die im Menschen wirksam sind, eine göttliche Fügung, die Offenbarung eines göttlichen Willens, die in besonderer Weise mittels der Bildlogik der Astrologie erkannt werden kann. Andererseits reagieren aber auch die Kräfte des Kosmos auf das Verlangen der Seele, jedenfalls dann, wenn es sich affektiv besonders verdichtet. Das ist der Grund aller Magie, so daß »nicht zu bezweifeln ist, daß Magier auch durch bloße Worte, Affekte oder ähnliches nicht nur in sich selbst, sondern auch an Dingen außerhalb oft eine außergewöhnliche Wirkung hervorbringen«. Weil es sich im Menschen wie in den Dingen um parallele und sich gegenseitig entsprechende Wirkungen handelt, die in beiden Fällen auf die gleiche höhere Ursache zurückgehen, liegt hier auch die Möglichkeit magischer Weissagekünste unter Verwendung bestimmter Arten des Losens, d.h. das Ergebnis dem »Zufall« überlassender Handlungsweisen, wie etwa in der Geomantie.

Es ist hier nicht der Ort, näher darauf einzugehen. Es sei nur daran erinnert, daß wir im chinesischen Kulturraum im I Ging ein ähnliches Phänomen haben. Auch hier wird in einer Frage von entscheidender Bedeutung die Antwort, wenn diese rational nicht mehr zu gewinnen ist, unter intensiver Konzentration auf die Frage dem »Zufall« überlassen: Hier wie da wird das Ergebnis des Losens in Figuren umgesetzt, und in der Geomantie werden diese nach astrologischen Regeln interpretiert, so daß sich so etwas wie ein Horoskop als »zugefallene« Antwort auf die gestellte Frage ergibt.[32]

Astrologie ist für Agrippa von Nettesheim also ganz wesentlich subjektiv bestimmt, und er beruft sich auf Ptolemaeus, wenn er unterstreicht, daß die Ergebnisse der Astrologie – zumal die prognostischen – sich aus der Beobachtung der Sterne *und* aus den Affekten des deutenden Geistes ergeben. Mit anderen Worten: Die Interpretation der Gestirnkonstellationen wurzelt wesentlich in der Struktur und den Leidenschaften der menschlichen Seele, wie sie im Mythos ihren Ausdruck finden. Gegenüber den Affekten aber wird Agrippa, je älter er wird, umso skeptischer: Aufgrund der Sünde sei der Geist des Menschen in Unordnung und darum unfähig, die göttlichen Einflüsse richtig aufzunehmen.

Grundsätzlich sieht Agrippa in der Astrologie keine Beeinträchtigung der Freiheit des menschlichen Willens. Im

Gegenteil: dieser bleibe Herr seines Tuns. Naturgemäß strebe er nach dem Guten, und die Astrologie zeige ihm, was gemäß gottgegebener Veranlagung konkret anzustreben ist. Doch die Sünde mache dafür blind, und die ungeordneten Triebe lenkten den Willen zu anderen »Gütern«. Hier sieht Agrippa den Grund für die Gefährlichkeit astrologischer wie überhaupt jeder magischen Praxis: Obwohl die, die sich damit befassen, oft wahre Voraussagen machen, sind diese aufgrund der Unlauterkeit ihres Verlangens und unter dem Einfluß nichtgöttlicher Geister oft mit Perversion und Täuschung vermischt, weshalb es bei den Alten üblich gewesen sei, sich vor solchem Tun durch Gebet und Opfer in rechter Weise zu disponieren. Besonders schlimm sei es, wenn etwas, was von Gott her kommt und darum gut ist, infolge der Sünde als ein Übel ausgelegt wird – wenn etwa eine Heimsuchung Gottes mit apokalyptischer Phantasie als unheilvolle Katastrophe hingestellt wird – und irgendwelchen übelwollenden Sternen zugeschrieben wird. Dadurch werde der Mensch zum Sklaven der Gestirne gemacht. Astrologie werde so zu einer »Pest«, zu einer »Beleidigung Christi und aller, die an ihn glauben«. Agrippa hält darum am Ende seines Lebens nicht mehr sehr viel von dem astrologischen Optimismus etwa des Speculum Astronomiae und wohl auch nicht mehr von seinen eigenen astrologischen Bemühungen früherer Jahre.

III. Das mittelalterliche Welt-Bild

Welt und Mensch: Makrokosmos und Mikrokosmos

Bei den mittelalterlichen Schriftstellern vor Honorius tritt die Harmonielehre zurück hinter der Lehre von den Elementen. Parallel dazu läßt sich beobachten, daß sie sich bei der Darlegung ihres Weltbildes zunächst der zeitlichen Dimension der Welt zuwenden, während Honorius zunächst den Welten-*Raum* erklärt. In seinem Werk soll, wie er einleitend hervorhebt, »die Ordnung des ganzen Erdkreises wie in einem Spiegel ansichtig werden« – ein statisches Welt-Bild, das Bild einer stabilisierten Harmonie. Wo mit der Zeit-Dimension begonnen wird, kommen dagegen sehr viel stärker der Wandel der Zeiten, Werden und Vergehen, Veränderlichkeit und Vergänglichkeit der Welt in den Blick.

Hier sei vor allem Isidor von Sevilla († 633) genannt, einer der bedeutensten Brückenpfeiler zwischen Altertum und Mittelalter. Er beginnt sein Werk »De natura rerum« – »Über die Natur der Dinge« mit der Erklärung von Tag und Nacht, Woche und Monat, kommt dann zum Jahreskreis mit seinen vier Jahreszeiten gemäß der »Bewegung der Gestirne« (Kap. VII) und behandelt erst dann – vom IX. Kapitel an – »die Welt«: »Die Welt ist das All insgesamt, das aus Himmel und Erde besteht. Von ihr sagt der Apostel Paulus: Denn die Gestalt dieser Welt vergeht (1 Kor 7,31). Doch in einem geheimnisvollen Sinn wird die Welt mit Recht als eine Darstellung des Menschen betrachtet; denn wie sie aus vier Elementen gebildet ist, so besteht er aus vier Säften, in eins vermischt in einem bestimmten Verhältnis (»Temperament«). Darum haben die Alten den Menschen mit dem Weltengebäude in Beziehung gesetzt, insofern im Griechischen die Welt ›Kosmos‹, der Mensch ›Mikrokosmos‹, d. h. ›Welt im Kleinen‹, heißt und ja auch die Bibel manchmal mit ›Welt‹ die Sünder bezeichnet, wenn es von ihnen heißt: Die Welt erkannte ihn nicht (Joh 1,10). Die Bildung der Welt stellt man sich so vor: Wie die Welt sich gegen Norden erhebt, so neigt sie sich gegen Süden. Kopf aber und gleichsam Gesicht ist der Osten, den Schluß bildet der Norden. Die Erde hat nämlich vier Teile: erstens Osten, zweitens Süden, drittens Westen, schließlich ganz zu äußerst Norden.«[33]

Die Vierzahl der Elemente, von denen in diesem Text die Rede ist, geht auf den griechischen Philosophen Empedokles († um 430 v. Chr.) zurück. Feuer, Luft, Wasser und Erde sind hier als »elementare« Bausteine verstanden, aus denen das Gesamt der Welt gebildet ist. Sie decken sich also nicht mit dem, was wir in unserer Alltagserfahrung unter diesen Begriffen verstehen. »Element« ist auch nicht in der späteren Bedeutung heutiger Chemie gebraucht, sondern gleichsam ein Urbild, letztlich also eine geistige Wirklichkeit.[34] Diesen Urbildern entsprechen im Menschen nach mittelalterlicher Lehre auch die körperlichen Aufbaustoffe (»Säfte«): dem »Feuer« (ignis) entspricht die »Galle« (chole), der »Luft« (aer) das »Blut« (sanguis), dem »Wasser« (aqua) der »Schleim« (phlegma), der »Erde« (terra) die »Schwarze Galle« (cholera nigra oder melancholia).[35] Aufgrund unterschiedlicher Mischungsverhältnisse ergeben sich die verschiedenen »Temperamente«, in denen jeweils einer der Grundstoffe besonders dominiert. So findet der Mensch – aufgrund der makrokosmisch-mikrokosmischen Entsprechung – die Elemente als eine Urerfahrung in irgendeiner Weise auch in sich selbst vor: Was ein »Feuerkopf« ist – bei dem gleichsam alles »fiebert« –

oder wie sehr die klare und ungetrübte Luft für den Geist charakteristisch ist, weiß jeder; ebenso, daß ein stilles Wasser tief gründet oder daß jemand in seiner Schwerfälligkeit wie »festgemauert in der Erde« dastehen kann. Solche Assoziationen sind freilich lediglich eine Hilfe, sich das Gemeinte zu veranschaulichen, und es ist immer zu berücksichtigen, daß alle Bilder menschlicher Urerfahrung mehrere Gesichter haben und ambivalent sind.

Doch kommen diese elementaren Grundstoffe niemals rein für sich vor. Ihr Verhältnis zueinander bestimmt sich im mittelalterlichen Weltbild durch die vier Qualitäten »warm« (calidus) und »kalt« (frigidus), »trocken« (siccus) und »feucht« (humidus). Aus jedem der beiden Eigenschaftspaare ist eines in jedem Element verwirklicht. Dadurch bilden diese miteinander in der Natur eine Gemeinschaft, die zum Teil durch innere Verwandtschaft, zum Teil durch polare Gegensätzlichkeit bestimmt ist. Isidor zitiert hier[36] Ambrosius: »Die Erde ist trocken und kalt, das Wasser ist kalt und feucht, die Luft ist warm und feucht, das Feuer ist warm und trocken.« Von hier aus ergibt sich auch eine Beziehung der Elemente zu den Jahreszeiten und den entsprechenden Himmelsrichtungen und Winden: Der feuchten und warmen »Luft« werden der Frühling und der Osten zugeordnet, dem warmen und trockenen »Feuer« der Sommer und der Süden, der trockenen, aber kalten »Erde« der Herbst und der Westen, dem kalten und feuchten »Wasser« der Winter und der Norden. »So kommen sie« – heißt es in dem Ambrosius-Zitat über die Elemente weiter – »durch diesen Umlauf gleich einem Reigen miteinander in Übereinstimmung.[37] Daher werden sie griechisch stoicheia[38], lateinisch elementa genannt, weil sie miteinander im Einklang sind.«

H. Schipperges schreibt: »So wurden die Elemente von

der frühen Scholastik aufgefaßt: als Modifikation des einen Weltstoffes mit allen Möglichkeiten des Überganges, der Mischung, des Stoff-Wechsels. Dieser Stoffwechsel garantiert den Kreislauf und die Konstanz der Materie, den ständigen Austausch der Energien, die Ineinanderverwandlung und reale Koexistenz aller Dinge, damit aber auch jene rhythmische Polarität, welche die Voraussetzung und Schwungkraft des Lebens ausmacht, sowie die großen sympathetischen Entsprechungen, die dem Mikrokosmos die Teilnahme und Mitteilung des Ganzen für das Ganze ermöglichen.«[39]

»Wie gesagt« – schreibt Hildegard von Bingen († 1179) – »befinden sich die Elemente im Menschen als Feuer, Luft, Erde, Wasser; mit ihren Kräften wirken sie in ihm, und in all seinen Handlungen bewegen sie sich wie ein Rad mit seinen Drehungen in raschem Kreislauf.«[40] Dieser ständige Kreislauf wird in den Handschriften, in denen uns die mittelalterlichen Weltbild-Darstellungen überliefert sind, immer wieder auch graphisch dargestellt. Die folgende Abbildung ist der Kirchenväter-Ausgabe von Migne (PL 90, 461f) entnommen. Sie gehört dort zu Kapitel 30 von Bedas Abhandlung »De temporum ratione« und veranschaulicht die Entsprechung zwischen dem Kosmos der Welt (mundus), dem Kreislauf des Jahres (annus) und dem Mikrokosmos Mensch (homo). In den konzentrischen Kreisen stehen jeweils untereinander: die Elemente, die ihnen entsprechenden Jahreszeiten und Himmelsrichtungen bzw. Winde. Dazwischen stehen im äußersten Kreis die Eigenschaften, die jeweils die benachbarten Reihen miteinander verbinden. Darunter sind – zwischen den Jahreszeiten – die Säfte bzw. Temperamente eingetragen. Hier weicht die Zeichnung – vielleicht aus Platzgründen – von dem Text ab, dem sie von Migne beigegeben ist. Die Säfte müßten den (in der Zeichnung jeweils links angrenzenden) Jahreszeiten und Elementen zugeordnet werden.

Heilkunde als Heils-Kunde

Eine differenziertere Darstellung dieses Weltbildes ist die auf der letzten Umschlagseite dieses Buches abgebildete Darstellung einer Vision der hl. Hildegard, der zweiten, die sie in ihrem Liber divinorum operum[41] beschreibt. Die Darstellung ist einer Handschrift der Biblioteca governativa zu Lucca[42] entnommen. H. Schipperges beschreibt sie zusammenfassend so:

»Das Weltenrad vor der Brust der Gottheit, ein Rad, in

dem die Elemente kreisen und mitten darin der Mensch: Diese ›rota‹ ist für Hildegard Bild für die Existenz der Welt, den Umlauf der Zeit, die Struktur der elementaren Gefüge, ein Bild der Ordnung und des Gleichgewichts, Abbildung auch für die rotierenden Bewegungen und die sphaerischen Gegenwirkungen, Bild schließlich für die Dynamik des Makrokosmos wie auch für die Konstanz im kreisenden Spiel der Kräfte und letztlich für die Harmonie dieser vielfältigen und widersprüchlichen Welt. Wie das Radsymbol, so zeigt auch das Windsystem die Geschlossenheit der wechselseitig sich durchdringenden Weltstoffe und Energien; ein Gefüge der Elemente, das als Ganzes ›firmamentum‹ genannt wird, ein mehr formaler Begriff, der nicht mit dem Himmelsgewölbe verwechselt werden soll und nicht den bleichen Gedanken von einem ›gestirnten Himmel über uns‹ meint ... Die Hauptwinde sind personifiziert als Leopard und Löwe, als Wolf und Bär; damit ist nur der Charakter dieser Kräfte angedeutet ... Auf diese Kardinalwinde ausgerichtet erscheinen je vier Nebenwinde; sie modifizieren und variieren diese Kräfte durch ihre eigenen Charaktereigenschaften, als Schlange und Hirsch, als Lamm und Krebs. Das Zusammenspiel wird mit den Gelenkverbindungen des Organismus verglichen und als Ganzes mit der Leib-Seele-Verbindung in Analogie gesetzt ... Eingespannt in die Vierung, lebt der Mensch am Kreuzweg irdischer Sorge und wird durch diese vier kardinalen Weltkräfte geängstigt und erschüttert. Mit der Modifikationsweite der acht Nebenwinde ergibt sich so ein äußerst komplizierter Mechanismus ... In diesem kosmischen labilen Gleichgewichtssystem ist lediglich die Sonne als Fürstin der Planeten Prinzip einer Stabilität, und zwar durch das besondere Verhältnis, das sie zu jedem der Kardinalwinde einnimmt ... Bild der Labilität ist der Mond, das kosmische Symbol aller biologischen Rhythmen und aller leiblichen Veränderlichkeit.«[43]

Das Wissen um die Entsprechung von Kosmos und Mensch in der einen Schöpfung ist Voraussetzung für die mittelalterliche Nutzung der Heilkraft der Natur. Man verfuhr in der Heilkunde nach dem Grundsatz »similia similibus« – d. h.: kranke Organe sind durch ihnen entsprechende Kräfte zu heilen –, oder man verordnete nach der Maxime »contraria contrariis« die mangelnde Gegenkraft. »Die Erde zeigt nämlich« – schreibt Hildegard im Vorwort zum 1. Buch ihrer »Naturkunde« (»Physica«) – »in ihren Nutzpflanzen im einzelnen die Beschaffenheit der geistigen Charakteranlagen des Menschen, während sie in ihren schädlichen Kräutern die schlechten und teuflischen Seiten des Menschen widergibt.«[44]

Alle mittelalterliche Naturkunde steht im Dienst des Menschen. Sie ist nicht Naturbeschreibung um ihrer selbst willen, sondern stets anthropozentrisch: Heilkunde. Diese Heilkunde hat immer einen doppelten Bezug im Auge: 1. die Einheit von Leib und Seele und 2. die durch die Ursünde bedingte Unheilssituation des Menschen als Grund all seiner Krankheiten. Der Mensch ist krank, weil das kosmische Kräftespiel in Unordnung geraten ist, weil das Einzelne nicht mehr im Dienst des Ganzen steht, weil das Ganze gespalten ist und auseinanderstrebt und der Mensch im Sog dieser Desintegration steht. Heilung besteht darum in der Umkehr dieser Bewegung. Sie setzt die Erlösung und Erneuerung des Menschen voraus, die grundgelegt ist im Kreuz des Gottessohnes. »O Mensch, schau dir doch daraufhin den Menschen richtig an: der Mensch hat ja Himmel und Erde und die ganze übrige Kreatur schon in sich selber und ist doch eine ganze Gestalt (forma una), und in ihm ist alles schon verborgen vorhanden«, ruft Hildegard aus.[45]

Heilung suchen erfordert also, den Weg der Re-Integration zu gehen, die einzelnen Kräfte im Menschen entsprechend ihrer ursprünglichen Bestimmung wieder auszurichten auf den Dienst am Ganzen. Darum ist es wichtig zu sehen, daß die Elemente als Bilder menschlicher Urerfahrung mehrere Gesichter haben und ambivalent sind. »Feuer« kann lebenspendende Wärme, aber auch alles Leben vernichtende Hitze besagen; es gibt das Feuer der Begeisterung wie das, in dem alles verdorrt; die Glut des Feuers kann Vernichtung, aber auch Läuterung besagen; seine Flamme erhellt das Dunkel, kann aber auch blenden. »Luft« kann die Klarheit des Geistes zum Ausdruck bringen, der sich aus den nebeligen Niederungen zur Höhe erhebt, aber auch Flüchtigkeit und Unstetigkeit. Im »Wasser« spiegelt sich die unauslotbare Tiefe der Seele, aber auch ihre Launenhaftigkeit im Wechsel der Gezeiten; es kann das Leben erblühen lassen, aber auch ertränken, überschwemmen, verschlingen. »Erde« bedeutet Verwurzelung, Verbundenheit mit dem Urgrund des Lebens, bergende Höhle, aber ebenso Verwesung und das Grab des Todes, Tor zur Unterwelt.

Der Weg der Re-Integration besagt darum immer auch einen Prozeß der Läuterung, in dem die lebenzerstörenden Kräfte in gesteigerte Vitalität verwandelt werden. Dieser Weg zeigt sich dem Menschen in der intuitiven Betrachtung seiner Innenwelt, im Hinabsteigen in die eigene Tiefe. Ohne solches »In-sich-Gehen« gibt es keine Heilung. Der Prozeß der Heilung ist also ein Weg, auf dem man über die Selbsterkenntnis und Läuterung zur Versöhnung, zur Integration, zum Heil fortschreiten muß. Das Phänomen der Entfremdung war dem mittelalterlichen Menschen also durchaus bewußt; doch wußte er auch, daß die Entfremdung gegenüber der eigenen Natur in einem inneren Zusammenhang mit der Entfremdung gegenüber Gott steht. Darum war für den mittelalterlichen Menschen der Weg der Re-Integration ein Weg des Aufstiegs, der Rückkehr zu Gott und in gleichem Maß ein Weg zu sich selbst. Das macht das Bild auf der vorderen Umschlagseite dieses Buches sehr anschaulich deutlich.

Der Aufstieg der Seele

Die Darstellung ist einer Handschrift entnommen, die um das Jahr 1200 vermutlich in Italien (oder Spanien) entstanden ist und sich heute in der Nationalbibliothek in Paris befindet.[46] Sie zeigt in konzentrischen Kreisen das Weltall und darüber thronend den Pantokrator, Christus, den Herrscher über das All. Zu ihm steigen menschliche Gestalten wie auf einer Leiter hinauf.

Versuchen wir zunächst, uns anhand der Beschriftung einen Überblick zu verschaffen. Im innersten Kreis steht: »terra centrum mundi – Erde, Mitte der Welt«. In den folgenden Kreisen, jeweils auf der linken Bildseite: »aqua – Wasser«, »aer – Luft«, »ignis – Feuer«, und im gleichen Kreis auf der rechten Seite: »corpus corruptibile, quod est quattuor elementa – vergänglicher Leib, nämlich die vier Elemente«. Es folgen auf der linken Bildseite die sieben Planeten in der üblichen Reihenfolge: Mond, Merkur, Venus, Sonne, Mars, Jupiter, Saturn; dann der Fixsternhimmel. Auf der rechten Bildseite steht jeweils entsprechend: »Sphäre des Mondes«, »Sphäre des Merkur« usw. bis »Fixsternsphäre«. Darüber befindet sich die »neunte Sphäre, in der sich die achte vom Norden zum Süden bewegt und umgekehrt«; darüber als »höchste Sphäre« die »zehnte, in der die Bewegung vom Westen nach Osten, die ›Urbewegung‹, stattfindet«. Hier steht am Anfang der rechten Bildseite der Vermerk: »cetera turba – die übrige

Menge«. Darüber steht »socii omnes – alle Gefährten« in dem Kreis, der mit »natura, principium corporis – Natur, das Prinzip des Leibes« beschriftet ist. In den Kreisen darüber: die Seele der vegetativen Funktionen (»anima vegetabilis«), die Seele sinnlicher Wahrnehmungsfähigkeit (»anima animalis sive sensibilis«), die Vernunftseele (»anima rationalis«). Dann: die Gruppe der Ältesten (»ordo seniorum«); daneben ist vermerkt: »Intelligentia X«. Es folgt auf der rechten Bildseite in absteigender Zahlenfolge in jedem Kreis eine weitere »Intelligentia«, der auf der linken Bildseite je einer der »Chöre der Engel« entspricht – in einer ungewöhnlichen Reihenfolge, die nicht mit der »Himmlischen Hierarchie« übereinstimmt, wie sie um das Jahr 600 der anonyme Schriftsteller, der sich als Dionysios Areopagita ausgibt, für das ganze Mittelalter maßgebend beschrieben hat.[47]

Die Beschriftung ist nicht zu Ende geführt; wir können sie aber aus einer zweiten Miniatur der gleichen Handschrift ergänzen, die in der Gesamtkonzeption und nahezu in allen Einzelheiten mit der unsrigen übereinstimmt: In der himmlischen Hierarchie folgen die »Erzengel« und die »Engel«. Der Kreis über ihnen und über der ihnen entsprechenden »ersten Intelligentia« trägt die Inschrift: »Das Erstverursachte, das ersterschaffene Sein, das Prinzip aller Geschöpfe, das alle Geschöpfe umschließt«. In den beiden äußersten Kreisen steht: »Materia in potentia – potentielle Stofflichkeit« und »Forma in potentia – potentielle Form«. Neben der Gestalt des thronenden Allherrschers steht auf beiden Seiten: »Voluntas divina – der göttliche Wille« und darüber, rechts von der Gestalt: »Causa prima – Erstursache« – entsprechend der philosophischen Terminologie auf der rechten Bildseite – und links: »Creator omnium Deus – der Schöpfer des Alls, Gott« – entsprechend den darunter der Reihe nach aufgeführten Geschöpfen. Dadurch, daß diese theologischen und philosophischen Begriffe nebeneinander stehen, wird sowohl ein Gegenüber von Schöpfer und Schöpfung als auch eine innige Beziehung, gleichsam eine Verwandtschaft zwischen Gott und Welt ausgesagt. Der doppelte Hinweis auf den göttlichen Willen unterstreicht, daß Gott allein aufgrund seiner freien göttlichen Liebe die in ihm ruhenden Möglichkeiten des Seins aus sich heraussetzt und in seiner Schöpfung entfaltet.

So ist Gott aber auch die Ursache jeder Bewegung, mit der die geschaffene Welt wieder zu ihrem letzten Ziel drängt. Die Prinzipien der Bewegung kommen in den beiden äußersten Kreisen zum Ausdruck: die potentielle Form und die potentielle Materie. Die reine Form ist darauf angelegt, sich »nach unten hin« in immer weiteren Abstufungen der Entäußerung im »Schöpfungsmaterial« zu verleiblichen; dieses hingegen verlangt danach, immer »höher hinauf« nach dem Bilde der letzten Form, nach dem Bilde Gottes gestaltet zu werden. Nach diesen Prinzipien ergibt sich die Kohärenz der ganzen Schöpfung in einer Stufenleiter von den höchsten Intelligenzen bis zur untersten Ebene, der Grenze zum Nichts. Die Bewegung, wie sie in den aufsteigenden Menschen unseres Bildes dargestellt ist, geht nun dergestalt nach oben, daß jede Stufe Material ist für die weitere Durchformung auf der nächsthöheren Stufe, bis hin zu der reinen, vollendeten Form, in der jedoch alle Vor-Stufen nicht vergangen, sondern gegenwärtig sind, nicht verlassen, sondern »aufgehoben« in der Seligkeit umfassender und zur Ruhe gekommener Integration bei Gott.

Unser Bild läßt in der Darstellung der Stufenfolge freilich einige Fragen offen. Im Original ist es einem lateinischen Traktat beigegeben, den M.T.d'Alverny mitsamt einer Einführung veröffentlicht hat: Les Pérégrinations de l'âme dans l'autre Monde d'apres un anonyme de la Fin du XIIe siècle.[48] Der Text will veranschaulichen, daß die Seele, je nachdem welchen Weg sie einschlägt, entweder gleichsam krank wird und schließlich ins »Infernum« – biblisch: auf die »linke« Seite Gottes – gerät oder aber in der Gesundung fortschreitet und ins »Paradies« – biblisch: auf die »rechte« Seite Gottes – gelangt. Die Seligkeit, zu der die Seele auf dem Weg nach rechts fortschreitet, wird Schritt für Schritt mit den Eigenschaften der neun Chöre der Engel verglichen, bis sie schließlich zur Teilhabe am unbegrenzten Sein gelangt. Dem wird der Weg nach links in stufenweiser Entsprechung, gleichsam mit negativen Vorzeichen, gegenübergestellt: dem Herrschen über die Natur auf der Stufe der – durch Gehorsam gekennzeichneten – Engel entspricht das Versklavtsein unter das Gesetz der Natur im Ungehorsam. Das negative Gegenteil zur Stufe der Erzengel ist der Fixsternhimmel, und dann werden fortschreitend den Stufen in der himmlischen Hierarchie die Sphären der Planeten gegenübergestellt, auf denen sich die Seele Schritt für Schritt mehr der sündigen und selbstzerstörerischen Perversion ihrer in der Schilderung des Weges nach rechts dargelegten Möglichkeiten überläßt. Der Teilhabe am reinen Sein schließlich steht das Eingeschlossensein im unterirdischen Bereich gegenüber, in dem die Elemente negativ in Aktion treten: verbrennend, qualmend, einfrierend, versteinernd.

In umgekehrter Richtung, wieder nach oben geht die Seele diesen Weg, wenn sie sich an die zehn »Verbote« hält, die Mose gegeben hat: Wenn sie sich – gemäß dem ersten Verbot – daran hält, »keine fremden Götter zu haben«, wird sie dem Infernum enthoben sein usw. Diesen »Verboten« des Mose entsprechen zehn »Gebote«, die Christus gegeben hat und bei deren Beobachtung die Seele den rechten Weg geht. Doch sind die »Verbote« und die »Gebote« so zueinander in Beziehung gesetzt, daß die positive Wendung des ersten Verbots, nämlich das Gebot Christi, Gott von ganzem Herzen zu lieben, zur höchsten Höhe der Teilhabe am unbegrenzten Sein führt. Bei den letzten Weisungen dieser Ordnung dagegen liegen die Verbote und ihre positiven Entsprechungen eng beieinander: also das neunte Verbot (»kein falsches Zeugnis geben«), dessen Befolgung aus dem Verbleib in der Fixsternsphäre befreit, und das zehnte (»nicht begehren«), dessen Beachtung aus der Gefangenschaft unter die Herrschaft der Natur herausführt, und entsprechend das neunte Gebot (»Redet die Wahrheit« – vgl. Eph 4,25) und das zehnte Gebot (»Einer trage des anderen Last« – vgl. Gal 6,2), die in den Engeln und Erzengeln ihre wegweisenden Verwirklichungen gefunden haben. Diese letzten Verbote und Gebote stehen der Grenze zur bloßen Natur – und das heißt im Menschen auch: dem rein natürlichen Empfinden – am nächsten. So werden sich wohl auch die meisten Menschen dazu bereit finden. Dort, sozusagen mehr oder weniger am Rande eines im rein Natürlichen verbleibenden Lebens also, ist der Raum der Mittelmäßigkeit, eines dritten Weges, mit dem sich die große Masse begnügt: die »cetera turba« in der Darstellung unseres Bildes.

Dieses Zwei-Wege-Konzept unterscheidet sich von zeitgenössischen anderen, etwa von dem Bernhards von Clairvaux († 1153), der in seinem »Tractatus de gradibus humilitatis«[49] den zwölf Demutsstufen der Benediktus-Regel zwölf Stufen des Hochmuts gegenüberstellt, so jedoch, daß der Weg der Demut als die schlichte Umkehr des Weges des Hochmuts erscheint und durch diesen veranschaulicht wird: Der Weg zum Verständnis der zwölf Stufen der Demut führt über die Selbsterkenntnis. Wir sollen in die Tiefe unseres eigenen Herzens hinabsteigen und in Erfahrung bringen, uns bewußt machen, zu welchen Verhaltensweisen wir in unserem Hochmut fähig sind: »Wenn du zur Wahrheit zurückkehren willst, mußt du nicht einen neuen Weg suchen, den du nicht kennst, sondern den bekannten, den du hinabgestiegen bist: sofern du in gegenläufigen Schritten deinen eigenen Spuren folgst, wirst du in Demut genau den Stufenweg aufsteigen, den du im Hochmut hinabgestiegen bist«.[50] In dem Traktat über die Peregrinatio animae dagegen, zu dem unser Titelbild gehört, gehen die beiden Wege vom gleichen Ausgangspunkt aus in entgegengesetzte Richtung. In der Entsprechung der beiden Wege soll hier offenbar eine Erfahrung zum Ausdruck kommen, die in der Offenbarung des Johannes (9,1) dargestellt ist: »Da sah ich einen Stern, der vom Himmel auf die Erde gefallen war; ihm wurde der Schlüssel zu dem Schacht gegeben, der in den Abgrund führt.« Das meint: Wer von höchster Höhe herabfällt, wird auch in der Perversion nicht in der Mittelmäßigkeit bleiben; er ist vielmehr der abgrundtiefsten Bosheit fähig. Umgekehrt wird der, der von der totalen Abhängigkeit an falsche Götter loskommt, mit der gleichen Totalität geläuterter Liebe nun dem wahren Gott anhangen.

In diesem Konzept werden die Planetensphären eindeutig negativ gesehen, als das negative Gegenstück zur Hierarchie der Engel. Um zu Gott zu gelangen, muß die Seele in ihrem Prozeß der Verwandlung die Planetensphären hinter sich lassen. Gerade umgekehrt ist es in der »Göttlichen Komödie« Dantes († 1321): Hier steigt der Dichter, nachdem er aus dem sublunaren Bereich der Elemente in die Mondsphäre gelangt ist, durch die Sphären auch der übrigen Planeten immer weiter hinauf. In jeder dieser Sphären begegnet er einer in den dort sich aufhaltenden Heiligen zur Vollendung gelangten Tugend, und diese ist jeweils die positive Variante eines Strebens, das dem Dichter im Abgrund der Hölle in seiner Perversion, im Purgatorium im

Prozeß der Läuterung begegnet war. So herrscht in der Mondsphäre Ergebenheit in den Willen Gottes statt Stolz, in der Merkursphäre Einsatz im Dienst am Anderen statt Neid, in der Venussphäre liebende Hingabe statt selbstgefälliger Streitsucht, in der Sonnensphäre das Verlangen nach dem Höchsten Gut statt Herzensträgheit, in der Marssphäre die Bereitschaft zur Selbsthingabe statt Habsucht, in der Jupitersphäre Einsatz für das Reich Gottes statt Gaumenlust und in der Saturnsphäre weltentsagende Gottversunkenheit statt Fleischeslust. Von den Planetensphären schreitet Dante dann weiter fort durch die Fixsternsphäre zum Kristallhimmel. Hier, jenseits der Natur der Welt, ihrer Bewegung und ihrer Zeit, beginnen die Kreise der neun Chöre der Engel. Ihre Hierarchie ist hier also Fortsetzung der Planetensphären, nicht ihr Gegenstück. Doch besteht darin Übereinstimmung zwischen Dante und dem Traktat über die Peregrinatio animae, daß die Planetensphären Wirkungsbereiche geistiger Kräfte sind, die – zum Heil oder zum Unheil – im Menschen ihre Macht ausüben.

Das Zwei-Wege-Konzept des Traktates ist jedoch nicht einfach in die beigegebenen Bilder übernommen worden. Das ist verwunderlich, aber wohl nicht einfach mit der Unverständigkeit des Malers zu erklären. Zwar ist auch auf den Bildern die Hierarchie der Engel jenseits der Bewegung von Raum und Zeit angesiedelt; doch fällt vor allem auf, daß die Reihenfolge der Chöre der Engel zuunterst mit den Seraphim beginnt, so daß die Erzengel und Engel Gott am nächsten zu sein scheinen, was jeder Tradition widersprechen würde und damals sicherlich keinem Miniaturen-Maler als Irrtum unterlaufen wäre. Bleibt noch zu erwähnen, daß der Maler auch in der Reihenfolge der himmlischen Hierarchie von dem Autor der Peregrinatio animae abweicht, wie auch darin, daß er zwischen diese und die Planetensphären die Schar der Ältesten und – wie schon erwähnt – die Seelenhierarchie einfügt, die auf dem zweiten Bild noch durch die »anima coelestis – himmlische Seele« zu einer Vierheit ergänzt wird. Vielleicht haben sie aufgrund der Vision himmlischer Liturgie im 4. Kapitel der Offenbarung des Johannes hier ihren Platz: als die vier Wesen, die dem, »der auf dem Thron sitzt und in Ewigkeit lebt«, Herrlichkeit und Ehre und Dank darbringen, und die vierundzwanzig Ältesten, die sich vor dem Thron niederwerfen und sprechen: »Du bist es, der die Welt erschaffen hat, durch deinen Willen war sie und wurde sie erschaffen« (Offb 4,11).

Bei der Hierarchie der Engel korrigiert der Maler die im Traktat gegen alle Tradition vorgenommene Umstellung von Seraphim und Cherubim. Doch während sich der Traktat bei den fünf weiteren Chören oberhalb der Erzengel an die Reihenfolge hält, die Gregor[51] angibt, läßt sich der Maler wohl mehr von Kol 1,16 bestimmen: »In ihm (d. h. dem Erstgeborenen der ganzen Schöpfung, der das Ebenbild der ganzen Schöpfung ist – Vers 15) wurde alles erschaffen . . .: Throne (throni) und Herrschaften (dominationes), Fürsten (principatus) und Gewalten (potestates)«. Die Mächte (virtutes) sind in die Mitte eingefügt gemäß Eph 1,20–23, wo es von Gott heißt: »Er hat sie (d. h. seine Macht) an Christus erwiesen, den er von den Toten erweckt und im Himmel auf den Platz zu seiner Rechten erhoben hat, hoch über alle Fürsten und Gewalten, Mächte und Herrschaften und über jeden Namen, der nicht nur in dieser Welt, sondern auch in der zukünftigen genannt wird. Alles hat er ihm zu Füßen gelegt und ihn, der als Haupt alles überragt, über die Kirche gesetzt. Sie ist sein Leib und wird von ihm erfüllt, der das All ganz und gar beherrscht.«

Dieses Zurück zur Heiligen Schrift – statt einfach die traditionelle Reihenfolge zu übernehmen – würde auch damit übereinstimmen, daß auf dem Bild über dem Weltall nicht einfachhin die Gottheit – im philosophischen Sinn – thront, sondern der Pantokrator; ferner, daß der philosophischen Begrifflichkeit der rechten Bildhälfte links die geschaffenen Kreaturen gegenüberstehen, nicht Elementarbereiche, Planetensphären und Intelligenzen, sondern die Elemente, die Planeten, die Seelen oder Wesen, die Schar der Ältesten, die Chöre der Engel. Links im Bild – das bedeutet vom Pantokrator aus gesehen: zur Rechten.

Noch ein Unterschied zwischen dem Maler des Bildes und dem Autor des Traktates ist wohl nicht unwichtig: Der Traktat gibt als unterste Ebene der Gottesferne an: centrum terrae, quod est abyssus – »die Erdmitte, das ist der Abgrund«. Auf unserem Bild ist die Erde als centrum mundi, als Mitte der Welt bezeichnet und deutlich als solche dargestellt. Das ist ein positiver Begriff. Gott ist nicht nur »über« der Welt, sondern ebenso »in ihrer Mitte«. Ebenso führt auch der Weg zu Gott den Menschen zwar über sich selbst hinaus, aber gleichzeitig fort von bloßer Oberflächlichkeit in die Tiefe, in die Mitte des eigenen Seins. Das gilt um so mehr, seitdem der Gottessohn, der von den Toten auferstanden und in den Himmel aufgefahren ist und das ganze All erfüllt und beherrscht, es nicht verschmäht, im Menschen Gestalt zu gewinnen.[52] So ist möglicherweise die umgekehrte Reihenfolge der himmlischen Hierarchie in unserem Titelbild Ausdruck einer doppelten Bewegung: zunächst eines Weges heraus aus der Sklaverei im Bereich der Elementarmächte (vgl. Gal 4,9; Kol 2,20), aus der Christus uns befreit hat: Auf unserem Bild müssen diejenigen, die sich dort befinden, gleichsam am Schopf herausgezogen werden – durch die Taufe –, bevor sie fähig sind, mehr und mehr selbständig nach oben zu steigen. Daneben gibt es eine zweite Bewegung, in der der Mensch, indem er zur höchsten Höhe der himmlischen Hierarchie emporsteigt, zugleich zu sich selbst findet – inmitten seiner Natur und auf einem Weg, auf dem die durch die Planeten und Elemente symbolisierten Kräfte in ihm ihre Integration erfahren.

Astrologische Aussagen im eigentlichen Sinn kommen auf unserem Bild freilich ebensowenig zur Darstellung wie in den Schriften der genannten mittelalterlichen Theologen aus der Zeit vor der Hochblüte der Scholastik – Isidor, Beda, Hrabanus, Hildegard. Sie haben sogar durchwegs Astrologie wegen ihrer Gefährlichkeit ausdrücklich abgelehnt. Doch das Welt-Bild, das sie überliefert und ausgebaut haben, ist der Boden, auf dem eine christlich verantwortete Astrologie erst verständlich und möglich wird und auf dem eine solche sich dann in der Tat entwickelt hat. Davon zeugt der Grundstein der Niederaltaicher Kirchtürme, weil auf ihm mit dem Horoskop eine Darstellung dieses Welt-Bildes verbunden ist.

Kosmos Altahensis[53]

Das Horoskop auf dem Grundstein der Niederaltaicher Kirchtürme aus dem Jahre 1514 ist von der Art der quadratischen Darstellungsweise, wie sie zur Zeit der Renaissance üblich war. Im inneren Quadrat – dort, wo bei Personenhoroskopen gewöhnlich Name und Geburtsdatum des Horoskopeigners angegeben sind – zeigt das Niederaltaicher Horoskop eine Darstellung des mittelalterlichen Welt-Bildes, auf die hier noch kurz eingegangen werden soll.

Die Darstellung in rötlichem Marmor zeigt einen von einer Schlangenlinie umschlossenen Kreis, in dem sich sie-

ben Inseln befinden, und zwar in einem Meer von Wellenlinien, die über den Kreis hinaus bis an die Seiten des
Quadrats gehen. Im mittelalterlichen Verständnis ist der
Kosmos endlich und begrenzt, sei es als die vom Logos
nach Maß und Zahl geordnete und umschriebene Schöpfung, sei es als die Welt des Menschen. Diese Endlichkeit
ist Voraussetzung für die Entsprechung von Makrokosmos und Mikrokosmos. Denn was nicht begrenzt ist, kann
nicht so verkleinert werden, daß es dennoch das Ganze
bleibt. Diese Sicht des Kosmos ist unabhängig davon, ob
die Welt geozentrisch oder heliozentrisch verstanden
wird. Eine Entgrenzung der Welt zeigt sich erst als Spiegel
der Erfahrung eines naturwissenschaftlichen Denkens, das
immer neue, bislang unbekannte Räume erschließt. Jetzt
läßt das Gefühl der Verlorenheit des einzelnen im Universum die Welt des Menschen als einen Ausschnitt in einem
unendlichen Nichts verstehen. Das begrenzte Universum
dagegen, wie das Mittelalter es versteht, ist nicht leer. Es
ist erfüllt von der Harmonie der Sphären. Auf unserem
Bild ist die Sphärenharmonie des Weltalls durch die Wellenlinien dargestellt, die Endlichkeit des menschlichen
Mikrokosmos durch den Kreis, der in seiner Schlangen-
förmigkeit gleichsam mitzuschwingen scheint. Und die
Siebenzahl der Inseln bringt – wie die Siebenzahl der
Planeten – die innere Abgerundetheit des begrenzten Kosmos zum Ausdruck. Dennoch scheint sich das neuzeitli-
che Lebensgefühl schon anzubahnen: Einmal in der per-
spektivischen Art der Darstellung, dann aber wohl auch
darin, daß die Wellenlinien über den Kreis hinausgehen.
Die Köpfe in den vier Ecken, die vier Winde, blasen den
Kreis von außerhalb an. So erscheint die Welt des Menschen als ein Spielball der Mächte der Natur. Andererseits
aber sind die vier Köpfe in den festen Rahmen des Quadrats eingefügt, das sie umschließt. So ist es auch in der hier

abgebildeten Darstellung, die in der Kirchenväter-Ausgabe von Migne mehrfach Bedas Traktat »De natura rerum« beigegeben ist.[54]

Bleibt der innere Kreis mit seinen sieben Inseln. Hier können wir uns nur an mögliche Deutungen herantasten. Die untere Insel ist die größte, am weitesten ausladende. Sie zeigt das stattlichste Gebäude, offenbar eine umfriedete Wohnanlage (die, wenn man will, eine gewisse Ähnlichkeit mit zeitgenössischen Darstellungen des Klosters Niederaltaich aufweist). Außerdem sind Getreidegarben zu sehen und ein mit Waffen oder Werkzeug ausgestatteter Mann. Die untere Insel ist offenbar eine Darstellung der erdverwurzelten Grundlage des menschlichen Lebens. Außer dieser Insel zeigt nur noch die polar entgegengesetzte, obere Insel die Darstellung eines Menschen. So kann es sich also nicht um eine Darstellung der fünf Zonen der Erde handeln wie bei der Skizze aus Mignes Beda-Ausgabe. Denn in diesem Zonenschema gelten gerade die nördlichste und die südlichste Zone als unbewohnbar. In der Niederaltaicher Darstellung ist auf der oberen Insel der Mensch auf einem Pferd dargestellt: Dieser Mensch in der obersten Region hat das Animalisch-Triebhafte gebändigt und beherrscht es. Das Gebäude auf dieser Insel ist deutlich eine Kirche. Es scheint somit der Weg des Menschen »nach oben«, die Menschwerdung des Menschen in der Ausrichtung auf Gott dargestellt zu sein. Auch auf den übrigen Inseln befinden sich Gebäude, mit Ausnahme der Insel links oben, auf der statt dessen Bäume zu sehen sind. Auf der Insel rechts unten ist deutlich ein Schwein zu erkennen: Ist es hier als Symbol des Bösen oder eher – in Anlehnung an die Antike – als Zeichen der Fruchtbarkeit zu verstehen?[55]

Auch hier scheint der »Weg nach oben« als Integration des ganzen menschlichen Kosmos dargestellt zu sein. Die oberste Insel bildet mit den beiden sich rechts und links oberhalb der untersten Insel befindlichen ein Dreieck, in das von unten her die unterste Insel hineinragt. Andererseits bilden sowohl die beiden rechten als auch die beiden linken Inseln jeweils gemeinsam mit der mittleren ein Dreieck. Die beiden Seiten sind also durch die mittlere ineinander verwoben. Ob hier an die Vereinigung der verschiedenen Seiten im Menschen – der »rechten« und der »linken«, Animus und Anima – zu denken ist? Die Art der Darstellung könnte darauf schließen lassen.

Jedenfalls erscheint in der Darstellung auf dem Niederaltaicher Grundstein die Welt des Menschen in einer dreifachen Perspektive: Erstens ist sie der Raum, in dem der Mensch verwurzelt ist, in dem er aber vor der Aufgabe steht, in der Integration aller in ihm wirkenden Kräfte den Weg »nach oben« zu gehen. Zweitens sieht er sich auf diesem Weg elementaren Mächten ausgesetzt. Drittens aber weiß er auch diese Elementarmächte in einen makrokosmisch vorgezeichneten Geschichtsplan eingefügt.

Perspektiven von bleibender Gültigkeit

Blicken wir zurück, so zeigt sich, daß das mittelalterliche Welt-Bild wohl nicht so total überholt ist, wie meist angenommen wird. Freilich, in der Erklärung der Naturphänomene kommen die antiken und mittelalterlichen Autoren aufgrund ihres vorwiegend spekulativen Interesses und bei den zu ihrer Zeit nur unzulänglich entwickelten naturwissenschaftlichen Forschungsmöglichkeiten zu Schlüssen, die heute nur als vorwissenschaftlich, naiv oder mythisch gelten können. Das gilt auch für die Beschreibung der Wirkungsweise der natürlichen Heilmittel, die – was die Wirkung selbst angeht – allerdings durchaus erprobt und bewährt waren. Doch richtete sich das Interesse des mittelalterlichen Menschen auch gar nicht auf eine Beschreibung der Natur, es war vielmehr ganz und gar anthropozentrisch: »Wesentlich bleibt der Bezug auf den Menschen. Alles das dient ja dem Menschen und findet erst Sinn in einer anthropologischen Relation. Hildegard wird nicht müde, diese Beziehungen zu schildern und nachzuzeichnen, immer neu zu verändern und zu bereichern. Körperteile, Sinnesfunktionen, Seelenleben und in allem das Streben nach dem Heile sind in die Himmel gezeichnet und werden daraus abgelesen. Die Sterne durchlaufen das Firmament wie die Blutadern den Körper: beide vermitteln elementaren Stoff und dienen der Erkenntnis. So sind die Gestirne die leuchtende Zahl heiliger Buchstaben und menschlicher Einsicht; denn der Mensch ist der lebendige Sinn der Natur.«[56]

Es ist keine Frage, daß die Wissenschaft auch heute – zumindest aufs Ganze gesehen – die Lebensmöglichkeiten des Menschen erforschen will. Doch hat hier eine entscheidende Wende stattgefunden – jene »kopernikanische Wende« vom Welt-Bild zur Welt-Anschauung, die ja nicht nur und nicht einmal in erster Linie eine Sache der Astronomie ist. Der mittelalterliche Mensch stand den Dingen nicht »objektiv« gegenüber, und seine wissenschaftliche Methode bestand nicht darin, von einer vorgegebenen Welt aus den Menschen zu bestimmen, sondern gerade umgekehrt darin, von der Erfahrung des Menschen aus die Welt zu deuten. Und er fand sich darin bestätigt. Das gilt für die antike und mittelalterliche Heilkunde. Das gilt ebenso für die Astrologie. Hier zeigt sich ein Wissen um Dimensionen und Zusammenhänge des menschlichen Seins, die bei einer naturwissenschaftlich orientierten Behandlung des Menschen – wie sie für die Neuzeit charakteristisch ist, auch in der Medizin – nicht in den Blick kommen, aufgrund deren methodischer Prämissen als Gegenstand der »Wissenschaft« auch gar nicht in den Blick kommen können. Doch sei nochmals an das in der Einleitung (S. 10 f.) gebrauchte Beispiel erinnert: Die Erforschung der Bauart der Orgel *kann nur eine* der Ursachen für die Schönheit der auf dieser Orgel erklingenden Musik ausfindig machen. Auf die »Seele« des gehörten Musikstückes stößt ein solches Vorgehen nicht. Und doch ist andererseits das Instrument – die richtige Beachtung der physikalischen und chemischen Gesetze – Voraussetzung dafür, daß das Musikstück überhaupt lebendig werden und erklingen kann. Bei der seit der Neuzeit vorherrschenden naturwissenschaftlichen Betrachtungsweise einerseits und der im Mittelalter üblichen anthropozentrischen Sichtweise andererseits handelt es sich also um unterschiedliche Perspektiven, die sich gegenseitig ergänzen. Die tiefenpsychologischen Erkenntnisse haben wieder neu darauf aufmerksam gemacht: Es sind reale Wirklichkeiten, die im mittelalterlichen Welt-Bild festgehalten sind. Ihre Beachtung im Rahmen einer umfassenden Sorge für den Menschen ist heute nicht weniger als früher heilsam. Zu diesen Wirklichkeiten gehört:

- die psychosomatische Einheitswirklichkeit des Menschen;
- der Zusammenhang zwischen Krankheit und dem, was die kirchliche Tradition »Sünde« nennt;
- die psychosomatische und zugleich geistliche Totalität dessen also, was »Heil« meint: Heilung und Heiligung als zusammenhängende Dimensionen eines umfassenden Integrationsprozesses;
- das Angewiesensein des Menschen auf kosmische Bilder, um dieser eigenen Komplexität ansichtig zu werden.

Gerade letzteres wird deutlich, wenn man im Spätmittelalter die Planeten (und die ihnen zugeordneten Tierkreiszeichen) einerseits mit bestimmten körperlichen Organfunktionen im Menschen[57] und andererseits mit den sieben »Hauptsünden« in Verbindung brachte: Wo eine Kraft unproportional übermächtig wird, ist die Harmonie des ganzen (Mikro-)Kosmos in Gefahr. Indem in dieser Sicht die planetarischen Kräfte mit dem christlichen Verständnis von Sünde in Beziehung gesetzt sind, wird deutlich gemacht, daß der Mensch in der ihm geschenkten Freiheit dafür verantwortlich ist, die Harmonie des Kosmos in sich zu verwirklichen, soweit es ihm gegeben ist.

Auf dem Grundstein der Niederaltaicher Kirchtürme ist die Darstellung des dem Menschen aufgetragenen Weges

hineingestellt in ein Horoskop – Bild der kosmischen Bedingtheiten, in denen dieser Weg konkret zu gehen ist. Mit
diesen kosmischen Bedingtheiten des Menschen befaßt
sich die Astrologie – in der Überzeugung, daß sie sich makrokosmisch abzeichnen. In ihr System sei darum nun
kurz eingeführt.

IV. Das System der Astrologie

Der Mensch im Mittelpunkt

Die Astrologie befaßt sich mit Horoskopen. Ein Horoskop ist zunächst lediglich eine Skizze, mit der – von einem bestimmten Ort aus gesehen und für eine bestimmte Zeit – die Position der Wandelsterne (Planeten) angegeben wird. Zu den Wandelsternen zählen nach astrologischem Verständnis Sonne und Mond, dazu die Planeten unseres Sonnensystems mit Ausnahme der Erde, also die Himmelskörper, die innerhalb des Gesamtgefüges des Himmels dem menschlichen Zuschauer das Bild dauernder Veränderung bieten. Auf diese Bildwirklichkeit kommt es an. Darum ist die Astrologie auch heute noch geozentrisch oder (richtiger!) anthropozentrisch orientiert: Der Mensch ist im Mittelpunkt des Horoskops zu denken. Er steht auch im Mittelpunkt des Interesses der Astrologie.

Wir sehen heute deutlicher als etwa Goethe in seiner Polemik gegen die Optik Newtons[58], daß eine Beschäftigung mit den Phänomenen der Natur von sehr unterschiedlichen Fragestellungen geleitet sein und deshalb auch zu mehreren »richtigen« Ergebnissen führen kann, die sich trotz (oder gerade wegen) ihrer Verschiedenartigkeit keineswegs gegenseitig ausschließen. Jeden Morgen geht die Sonne auf, und jeden Abend geht sie unter. Das bleibt für uns eine Wirklichkeitserfahrung, auch wenn wir theoretisch wissen, daß die Drehung der Erde um ihre eigene Achse der Grund für diese scheinbare Bewegung der Sonne ist.

Der Tierkreis

Zur Bildwirklichkeit des Kosmos, die wir erfahren, gehört der ständige Wechsel der Tagesbahn der Sonne im Rhythmus der Jahreszeiten. Denn – das ist der astronomische Grund dafür – auf der Bahn der Erde um die Sonne bleibt die Erdachse in einem stets gleichen Neigungswinkel und in dauernder Parallele zu einer festen Richtung – nach Norden stets in etwa auf den Polarstern gerichtet –, so daß ihre beiden Pole abwechselnd je eine Jahreshälfte lang mehr der Sonne zugewandt sind. Zweimal im Jahr – am 21. März und 23. September – steht die Erdachse so zur Sonne, daß diese sich scheinbar senkrecht über dem Äquator befindet und mit ihrer Tagesbahn gleichsam einen Äquator des Himmels auszieht. Dann verschiebt sich ihre Bahn von Tag zu Tag bis zum jeweiligen Wendekreis, an dem sie am 22. Juni bzw. am 22. Dezember ihre nördlichste bzw. südlichste Bahn erreicht.

Der Fixsternhimmel ist bei Tage nicht zu sehen. Wenn man aber regelmäßig um Mitternacht (Ortszeit) den Punkt betrachtet, der zu dieser Zeit dem Stand der – natürlich nicht sichtbaren – Sonne genau entgegengesetzt ist, wenn man also dorthin schaut, wo die Sonne genau am Mittag stand, wird man die Beobachtung machen, daß – soweit sichtbar – jeder Punkt am Himmelsgewölbe, jeder Stern, jedes Sternbild wie die Sonne täglich (bzw. nächtlich) einmal im Osten aufgeht und nach Westen hin seine Bahn zieht, daß das Himmelsgewölbe insgesamt für eine Drehung um die Erde aber täglich etwa vier Minuten weniger braucht als die Sonne. Von Tag zu Tag ist das Himmelsgewölbe um Mitternacht schon ein Stückchen nach Westen weitergewandert. Der astronomische Grund für dieses Schauspiel ist die doppelte Drehung der Erde: Weil die

Erde sich – erstens – um sich selbst dreht, dreht sich von jedem Punkt der Erde aus gesehen mit der Sonne zugleich der ganze Himmel wie ein Gewölbe in ihrem Hintergrund. Weil die Erde sich – zweitens – im Laufe eines Jahres um die Sonne dreht, entsteht von der Erde aus der Eindruck, daß die Sonne gegenüber dem Fixsternhimmel etwas zurückbleibt, daß sie also in der dem Uhrzeiger gegenläufigen Richtung am Fixsternhimmel eine Bahn zieht, und zwar so, daß sie nach einem Jahr wieder am selben Punkt des Sternenhimmels angelangt ist.

Geozentrisch gesehen, nennt man *diese* Kreisbahn, die die Sonne im Laufe eines Jahres am Fixsternhimmel zurücklegt, *Ekliptik*. Sie schneidet den Himmelsäquator an den beiden Punkten, an denen die Sonne an den Tagen der Tag-und-Nacht-Gleiche steht. Dadurch ergeben sich auf der Ekliptik vier markante Punkte: die beiden Schnittpunkte mit dem Himmelsäquator – nämlich der »Frühlingspunkt« und der »Herbstpunkt« – und die beiden Wendepunkte. Die Sonne braucht für ihren Weg von einem dieser vier Punkte bis zum nächsten jeweils ein Vierteljahr. Darüber hinaus wird nun die Ekliptik noch weiter unterteilt, nämlich entsprechend der Zahl der Monate in zwölf gleich große Abschnitte von je 30°, beginnend an dem Punkt, an dem die Sonnenbahn am 21. März den Himmelsäquator schneidet: am »Frühlingspunkt«. Diese Abschnitte tragen je einen Namen, zumeist von Tieren. So wird die Ekliptik zum *Zodiakus*, zum *Tierkreis*, in dessen Zeichen die Sonne jeweils einen Monat lang steht. Da nun die Bahnebenen aller Planeten des Sonnensystems – heliozentrisch gesehen – nicht mehr als 16° von der Erdekliptik abweichen, sind auch alle Positionen der Planeten auf dem Zodiakus lokalisierbar, sofern man ihn – geozentrisch – als ein Band beiderseits der Ekliptik mit einem Winkelfeld von 16° versteht.

Wir haben bereits gesehen, daß die Tierkreiszeichen ursprünglich mit den gleichnamigen Sternbildern identisch waren. Diese wiederum sind im Grunde zunächst nichts anderes als menschliche Projektionen und darum an unseren (in diesem Fall von Babylon geprägten) Kulturraum gebunden: vom Menschen vorgenommene, sich ihm vielleicht sogar aufdrängende Zuordnungen einzelner Fixsterne zu einprägsamen Gebilden, die eine Orientierung am Himmel erleichtern. Inzwischen haben sich die Sternbilder und Tierkreiszeichen gleichen Namens voneinander entfernt. Der Grund dafür ist die *Präzession der Äquinoktien*, d. h. das Vorrücken der Tag-und-Nacht-Gleichen. Ganz parallel zu einer festen Richtung bleibt die Erdachse – bei der Drehung der Erde um sich selbst wie um die Sonne – nicht. Nur vorübergehend, nicht aber für immer ist sie im Norden auf den Polarstern hin ausgerichtet. Fast unmerklich verschiebt sich ihre Richtung – ungefähr so, wie man das bei der Rotation eines schräg laufenden Kreisels beobachten kann. Im Laufe von etwa 25 800 Jahren macht die Erdachse auf diese Weise eine vollständige Kreiselbewegung. Geozentrisch gesehen, verschiebt sich dadurch auf der Ekliptik ganz langsam die Stellung der Sonne zur Zeit der Tag-und-Nacht-Gleichen, und zwar so, daß der »Frühlingspunkt« in dem genannten Zeitraum von 25 800 Jahren – in einem sog. »Platonischen Jahr« – rückläufig einmal alle Sternbilder durchwandert. Der Tierkreis aber mit seiner Einteilung in zwölf gleich große Abschnitte (= Zeichen), an dem sich die Astrologie orientiert, bleibt an den Frühlingspunkt gebunden. »Die Verknüpfung mit den Zwölfteilen des Sonnenlaufes hat sich als stärker erwiesen als die Bildanschauung am Himmel.«[59] So konnte es dazu kommen, daß z. B. WIDDER einerseits ein *Tierkreiszeichen* meint, d. h. den – vom Frühlingspunkt aus gerechnet – ersten der zwölf Abschnitte der Ekliptik, zugleich aber auch ein *Sternbild*, d. h. eine der Fixsternkombinationen, durch die die Ekliptik hindurchläuft, und zwar seinerzeit – als im 2. Jahrhundert v. Chr. der »Anfang« des Tierkreises vom Stand der Sonne am Tag der Frühling-Tag-und-Nacht-Gleiche her bestimmt wurde – mit jenem ersten Abschnitt des Zodiakus, der deshalb heute noch WIDDER heißt. Die astrologische Deutung berücksichtigt die durch die Präzession der Äquinoktien tatsächlich veränderten himmlischen Proportionen insofern, als sie den gesamten Zeitraum von gut 2000 Jahren, in dem der Frühlingspunkt durch ein Sternbild wandert, kulturgeschichtlich – einer Großwetterlage vergleichbar – von diesem charakterisiert sieht. Das ist gemeint, wenn z. B. vom Wassermann-Zeitalter gesprochen wird. Die astronomische Grundlage dafür ist, daß der Frühlingspunkt in unseren Tagen aus dem Sternbild der FISCHE in das des WASSERMANNS eingetreten ist.[60]

In einem ersten Rückblick können wir sagen: Es ist durchaus richtig, wenn immer wieder behauptet wird:
– daß die Astrologie geozentrisch orientiert bleibt, obwohl »in Wirklichkeit« die Sonne der Mittelpunkt unseres Planetensystems ist;
– daß die Tierkreiszeichen lediglich eine astronomische Hilfsvorstellung sind und immer mehr von den »eigentlichen« Sternbildern abweichen;
– daß es sich bei diesen Sternbildern um kulturgeschichtlich bedingte Fixstern-Kombinationen handelt.
Doch besagt all das keineswegs, daß astrologische Aussagen schon von ihren Voraussetzungen her gar nicht »stimmen« können.[61] Um zu einem rechten Verständnis der Astrologie zu kommen, ist es vielleicht sogar hilfreich, daß man – trotz aller Himmelskarten im Gefolge der dichteri-

schen Himmelsbeschreibung in den »Phainomena« des Aratos († um 245 v. Chr.), auf denen schöne Tierbilder an den Himmel gemalt sind – bei der Betrachtung der Sternbilder am Himmel zumeist vergebens nach einer Ähnlichkeit mit den Tieren und sonstigen Wesen sucht, deren Namen sie tragen. Denn so stellt sich die Frage: Welchen Sinn haben dann die Namen der Sternbilder und Tierkreiszeichen?

Hier ist die Beobachtung des Historikers eine Hilfe. F. X. Kugler schreibt: »Es wäre zweifellos sehr verfehlt, wenn man den babylonischen Namen irgend einer Sterngruppe auf eine ganz willkürliche Kombination zurückführen wollte. Dies gilt insbesondere von den Sternbildern der Ekliptik, *in welchen mehr oder minder deutlich der Charakter der einzelnen Jahreszeiten und Monate zum Ausdruck kommt.* Darauf weist uns auch der Dichter des Schöpfungs-Epos hin, wenn er vom Schöpfer-Gott Marduk sagt: ›Für 12 Monate je drei Gestirne setzte er hin, gemäß den Zeiten des Jahres formte er die Bilder‹«.[62]

Die Tierkreiszeichen in den einzelnen Abschnitten des Zodiakus – in der Reihenfolge WIDDER, STIER, ZWILLINGE, KREBS, LÖWE, JUNGFRAU, WAAGE, SKORPION, SCHÜTZE, STEINBOCK, WASSERMANN, FISCHE – sind also vor allem symbolträchtige Sinnbilder für die verschiedenen Stadien des Lebens, die die Sonne Jahr für Jahr im Wechsel ihrer Position von einem Zeichen zum anderen in der Natur hervorruft. Die Sonne im WIDDER, d. h. im Frühling, »wirkt« anders als die Sonne im hochsommerlichen Zeichen LÖWE oder die winterliche Sonne im STEINBOCK. Insofern geben die Tierkreiszeichen eine Realität an, die auch im menschlichen Leben wirksam ist. Darum ist es konsequent, daß die Astrologie bei der Präzession der Äquinoktien am Frühlingspunkt und nicht an den Sternbildern orientiert bleibt.

Freilich wird man eventuell damit rechnen müssen, daß die Deutung der einzelnen Sinnbilder im Horoskop entsprechend der unterschiedlichen Naturerfahrung in den einzelnen Regionen der Erde regionale Unterschiede aufweisen muß. Doch wer es für einen Mangel hält, daß die astrologische Symbolsprache nicht völlig objektivierbar und standardisierbar ist, übersieht gerade dies: daß die Astrologie wesentlich anthropozentrisch orientiert ist.

In der astrologischen Tradition unseres Kulturkreises wird die Bedeutung der Tierkreiszeichen auf dreifache Weise präzisiert:

Erstens ist jedem Zeichen einer der *Planeten* als »Herr« zugewiesen. Die Planeten sind ihrerseits dadurch gekennzeichnet, daß sie Namen antiker Gottheiten tragen und dadurch im Lichte bestimmter menschlicher Urerfahrungen erscheinen, denen die Alten in ihren Göttermythen Ausdruck verliehen haben. Wenn nun jedem Tierkreiszeichen einer der Planeten zugeordnet wird, besagt das also insofern eine Charakterisierung dieses Zeichens, als es gewissermaßen in Entsprechung zur mythologischen Bedeutung dieses Planeten zu sehen ist. So gehört die *Sonne* zu LÖWE, der *Mond* zu KREBS, *Merkur* zu den Zeichen JUNGFRAU und ZWILLINGE, *Venus* zu WAAGE und STIER, *Mars* zu SKORPION und WIDDER, *Jupiter* zu SCHÜTZE und FISCHE und *Saturn* zu STEINBOCK und WASSERMANN. Da die Planeten vor allem durch ihre jeweilige Stellung eine wichtige Rolle im Horoskop spielen, wird von ihnen noch besonders zu sprechen sein. Hier geht es zunächst darum, die Bedeutung der einzelnen Abschnitte des Zodiakus zu erfassen.

Zweitens werden diese dadurch charakterisiert, daß jedem Tierkreiszeichen eines der *vier Elemente* – Feuer, Erde, Luft und Wasser – zugeordnet ist. Es war schon davon die Rede, daß »Element« hier nicht in der späteren Bedeutung heutiger Chemie gebraucht ist, sondern – gemäß dem antiken und mittelalterlichen Welt-Bild – als eine Charakterisierung, die wir bei uns selbst als eine Grundbefindlichkeit unseres »Temperaments« erfahren. Feuer-Zeichen sind neben dem Mars-Zeichen WIDDER das Sonnen-Zeichen LÖWE und das Jupiter-Zeichen SCHÜTZE. Erd-Zeichen sind das Venus-Zeichen STIER, das Merkur-Zeichen JUNGFRAU[63] und das Saturn-Zeichen STEINBOCK. Das Merkur-Zeichen ZWILLINGE, das Venus-Zeichen WAAGE und das Saturn-Zeichen WASSERMANN sind der Luft zugeordnet, das Mond-Zeichen KREBS, das Mars-Zeichen SKORPION und das Jupiter-Zeichen FISCHE dem Wasser.

Drittens ist für die Charakterisierung eines Tierkreiszeichens noch von Bedeutung, *ob es sich am Anfang, in der Mitte oder am Ende eines der vier Quadranten des Zodiakus befindet.* In jeder der drei Gruppen ist jedes Element einmal vertreten. Die Zeichen am Anfang eines jeden Quadranten – WIDDER, KREBS, WAAGE und STEINBOCK – nennt man »Eckzeichen« oder »kardinale« Zeichen. Beim Eintritt der Sonne in dieses Zeichen erfahren wir am markantesten den (durch Tag-und-Nacht-Gleiche bzw. durch Erreichung des längsten oder kürzesten Tages markierten) Eintritt in die jeweilige neue Jahreszeit. In astrologischer Assoziation ist damit zugleich gesagt, daß in diesen Zeichen das jeweilige Element in besonderer Ursprünglichkeit seine Ausprägung findet. Die mittleren Zeichen eines jeden Quadranten – STIER, LÖWE, SKORPION und WASSERMANN – nennt man »stabil«. Sie sind durch Beharrlichkeit im je eigenen Element charakterisiert. Im Sonnen-Zeichen LÖWE ist »Feuer« anders – nämlich kräftiger, ausdauernder – verwirklicht als im kardinalen Mars-Zeichen WIDDER, bei dem schon der vom Bild der »Feurigkeit« des jungen Widders genommene Name an die »Aggressivität« des neuen Lebens in der Natur zur Zeit der WIDDER-Sonne erinnern soll. Und während »Wasser« beim kardinalen Zeichen KREBS an das Meer mit seiner Tiefe denken läßt, entspricht das stabile Zeichen SKORPION eher einem stehenden Gewässer. Mit diesen Assoziationshilfen sind nicht nur unterschiedliche Verwirklichungsmöglichkeiten, sondern auch unterschiedliche Gefahren angedeutet. KREBS (Mond-Zeichen) kann Versenkung im Sinne von Innerlichkeit meinen, aber ebenso ein lichtscheues »Krebsen«, und bei SKORPION (Mars-Zeichen) ist auch an die Schlüpfrigkeit und die Fesseln heimtückischer Schlingpflanzen im seichten Gewässer zu denken. Die Zeichen am Ende der Quadranten heißen »beweglich«: ZWILLINGE, JUNGFRAU, SCHÜTZE und FISCHE. Sie leiten gleichsam schon zum Nächstfolgenden hinüber. Das Elementare ist in ihnen am wenigsten in seiner Ursprünglichkeit ausgeprägt, dafür aber verarbeitet.

Wenn »Luft« beispielsweise dem »beweglichen« Merkur-Zeichen ZWILLINGE zugeordnet ist, dann ist hier an die dauernde leichte Bewegung gedacht, durch die die Atmosphäre klar und angenehm bleibt. Im Menschen entspricht ihr die praktische Vernunft. Im »kardinalen« Venus-Zeichen WAAGE dagegen ist »Luft« so gemeint, wie sie bei jedem Atemzug überall unmittelbar erfahren wird, schwerelos, belebend, jenes überall Vorhandene, das nichts verstellt, sondern auf jedwedes Ding in seinem Sosein den Blick freigibt: ein Bild, dem im Menschen ein gleichsam natürlicherweise ausgleichend wirkendes Temperament entspricht. Im »stabilen« Saturn-Zeichen WASSERMANN meint »Luft« jene den Blick bis an die äußerste Grenze freigebende Durchsichtigkeit der Atmosphäre, der im Menschen ein alle Tabus sprengender Rationalismus entspricht, wie er sich im Einsatz für die Ideale von

»Freiheit, Gleichheit und Brüderlichkeit« zeigt. Darum wird dem Tierkreiszeichen WASSERMANN neben dem *Saturn* auch noch der *Uranus* zugewiesen.

Exkurs I: Zum Wassermann-Zeitalter

Zur Charakterisierung des eben angebrochenen Wassermann-Weltzeitalters, in dem der Frühlingspunkt der Sonne im Sternbild WASSERMANN liegt, sei auf die in Anmerkung 60 erwähnte interessante Studie »Durchbruch zur Zukunft. Der Mensch im Wassermann-Zeitalter« verwiesen, die A. Rosenberg schon vor dem Zweiten Weltkrieg konzipiert und 1958 in 1. Auflage vorgelegt hat, zu einer Zeit also, als die Phänomene des Wassermann-Zeitalters noch keineswegs so offen zutage traten. Zum »Selbstverständnis« des Wassermann-Zeitalters sei die 2. Strophe aus dem Wassermann-Song im Hippie-Musical »Hair« von J. Rado und G. Ragni (deutsch von W. Brandin) zitiert:

»Harmonie und Recht und Klarheit!
Sympathie und Licht und Wahrheit!
Niemand wird die Freiheit knebeln,
niemand mehr den Geist umnebeln.
Mystik wird uns Einsicht schenken,
und der Mensch lernt wieder denken,
dank dem Wassermann, dem Wassermann!«

Im Februar 1962 standen alle »alten« Planeten, *Sonne, Mond* (am 4. und 5. Februar), *Saturn, Jupiter, Mars, Merkur* und *Venus* gleichzeitig im Zeichen WASSERMANN – wie ein Signal, das den Durchbruch eines neuen Menschentyps ankündigt, der uns ja nicht nur in dem zitierten Song begegnet. Dieser »neue« Mensch im saturnisch-uranischen Luft-Zeichen WASSERMANN erscheint aus der Perspektive des durch Jupiter und »Wasser« charakterisierten FISCHE-Zeitalters – das heißt: aus der Perspektive der gesamten abendländischen Kulturgeschichte – als revolutionär: trotz gesteigerter Sensibilität, trotz »Mystik« ohne Verständnis für das Geheimnis, für die Tiefendimensionen metaphysischen Denkens und dem Machbaren zugewandt, zugleich auf der Suche nach einem neuen Bewußtsein, das keine Grenzen kennt. A. Rosenberg hat darauf hingewiesen, daß der Begriff »Revolution« ursprünglich dem Bereich der Astronomie-Astrologie entstammt: »Er bezeichnete die Umschwünge des Sternenhimmels, die Bewegungen der Wandelsterne und den Jahreslauf der Sonne. Das Wort Revolution weist demnach ursprünglich auf die kosmischen Zyklen und Gesetze. In diesem Sinne wurde es noch von Dante, Kopernikus und Galilei gebraucht. Erst seit der Mitte des 14. Jahrhunderts werden unter Revolution auch die Wandlungen und Umschwünge im politischen und sozialen Bereich verstanden. Doch gerade aus der Parallelsetzung von kosmischer und irdisch-menschlicher Bewegung ergibt sich, daß Revolutionen nicht als Willkürakt empfunden wurden, sondern als jeweils notwendige und gesetzmäßig ablaufende Ereignisse.«[64] Manche Phänomene – auch im religiösen Bereich –, die häufig in pessimistischer Untergangsstimmung nur negativ gewertet werden, könnten so in neuem Licht erscheinen. Astrologische Geschichtsbetrachtung könnte lehren, daß das, was aus der Sicht des Alten als Untergang erscheint, in allem Schmerz des Umbruchs der Anbruch eines unvermeidlichen Wandels ist und daß die Kategorien des vergehenden Zeitalters nicht hinreichen, das neue zu beurteilen. Der neue Mensch wird neu die ihm gemäße Gestalt seines Lebens finden müssen »nach dem Plan dessen, der alles so verwirklicht, wie ER es in seinem Willen beschließt« (Eph 1,11).

Exkurs II: Das »stabile Kreuz« der Vier Wesen

Das »stabile Kreuz« der beharrlichen Zeichen bilden die
vier »Wesen« aus Ez 1,10 (vgl. auch Offb 4,7), die wir als
Symbole für die vier Evangelisten kennen. Dabei ist auf-
fällig, wie sehr sie die unterschiedliche literarische Eigen-
art der vier Evangelien wiedergeben, in denen die eine
Frohbotschaft jeweils in anderem Licht erscheint: Für
Mattäus steht das von *Saturn* regierte Luft-Zeichen WAS-
SERMANN, Bild der durchdachten Systematik des Mat-
täusevangeliums wie auch der zentralen Bedeutung des
»Gesetzes« in diesem Evangelium, in dessen Erfüllung das
Neue zum Durchbruch kommt: die universale Gemeinschaft aller Völker und Menschen (vgl. Mt 28,19) im
Reiche Gottes. Der LÖWE, das feurige Zeichen der
Sonne, charakterisiert gut das Kommen des »Stärkeren«,
die Machtzeichen des Auferstandenen im Markusevange-
lium. Das erdhafte *Venus*-Zeichen STIER ist ein treffendes
Bild der für das Lukasevangelium charakteristischen Zei-
chen der angebrochenen Gottesherrschaft: Heil und Frie-
den. Für das vierte Zeichen scheint die Zuordnung auf den
ersten Blick nicht zu stimmen. Symbol des Johannesevangeliums ist der Adler.
Das vierte der »stabilen« Tierkreiszeichen ist das von
Mars regierte Wasserzeichen SKORPION. Doch ist der
Skorpion – als chthonisches Wesen, besonders hinsichtlich
seiner phallischen Bedeutung und seiner apotropäischen
Verwendung – mythologisch mit der Schlange und dem
Drachen (der geflügelten Schlange) verwandt.[65] Die
Schlange aber erscheint im Mythos in polarer Verbundenheit mit dem der Lichtwelt und dem Element der Luft zu-
gehörigen Adler. Beide gelten als unsterbliche, sich stets
verjüngende Wesen, gerade weil sie chthonische, die Elemente des Kosmos symbolisierende Wesen sind. »Was uns

als Gegensatz erscheint, ist in Wahrheit nur Polarität der Aspekte . . . Das Leben auf der Erde erfordert Sonne *und* Wasser.«[66] Und wie der Adler in der Form der Regenwolke zur Erde kommt, so erscheint die Schlange als Regenbogendrache am Himmel. Durch ihre Beziehung zum Wasser stehen beide in gemeinsamer Zuordnung zum SKORPION, der nach dem Mythos von Gaia, der Erdmutter, an den Himmel versetzt wurde (um den Orion zu töten).

Mythologisch bedeutet deshalb die Verwandlung des Bildes der Schlange in das Bild des Adlers jedenfalls keine Schwierigkeit. Zur Charakterisierung des Johannesevangeliums erscheint gerade diese Verwandlung sogar treffend: Programmatisch wird ja gleich zu Beginn (Joh 2,1–11) als Prinzip (arché) des Johannesevangeliums die Verwandlung des Wassers chthonischer Unfruchtbarkeit (sechs steinerne Krüge) in das »Wasser« des Weins erzählt, in dem das Licht der Sonne belebend und beflügelnd wirksam ist. Vergleiche auch das Bild von der erhöhten Schlange Joh 3,14. Das Zur-Entscheidung-Drängende in diesem Bild wie im ganzen Johannesevangelium entspricht ebenfalls gut dem Mars-Zeichen SKORPION.

Ist es ein müßiges Spiel der Willkür, in unserer Wirklichkeitserfahrung solche Gesetze mythischer Logik aufspüren zu wollen? Jedenfalls gibt es bis heute viele Beispiele dafür, daß der Mythos die Wirklichkeit mit einer Treffsicherheit charakterisiert – und daß umgekehrt diese Wirklichkeit sich in einer Weise auch dem mit ihr in Verbindung gebrachten Mythos entsprechend verhält –, die in der nachträglichen, rationalen Reflexion immer wieder neu zum Staunen Anlaß gibt. Es ist die gleiche Treffsicherheit, mit der sich unsere Träume gleichsam mythologischer Raster bedienen – unabhängig davon, ob der Träumende in seinem Bewußtsein eine Kenntnis von diesen

Rastern hat, unabhängig auch davon, ob er sie richtig interpretiert.

Die Häuser

Es dürfte schon deutlich geworden sein, daß in der Astrologie im Grunde weniger von den Sternen als von der Selbsterfahrung des Menschen im Spiegel der Sterne, der Natur die Rede ist. Im Bild der Natur erkennt der Mensch sich selbst, die Vielfalt der Kräfte und Stimmungen, die in ihm wirksam sind und in deren jeweiliger Kombination der einzelne unverwechselbar er ist. Die Erfahrung makrokosmisch-mikrokosmischer Entsprechung findet im Horoskop auch darin ihren Ausdruck, daß neben dem Zodiakus noch ein zweiter Kreis eine Rolle spielt, der ebenfalls in zwölf Felder aufgeteilt ist – hier zumeist »Häuser« genannt. Andere sprechen lieber von »Feldern« oder »Orten«, um Verwechslungen zu vermeiden. Denn auch die Tierkreiszeichen werden, insofern sie von Planeten regiert werden, als deren »Häuser« bezeichnet. Die Häuser, von denen hier nun zu sprechen ist, markieren im Unterschied und zugleich in Entsprechung zum makrokosmischen Tierkreis Stufen menschlicher Selbstentfaltung. Sie folgen im Horoskop dem Tagesrhythmus der Sonne und laufen somit in der dem Zodiakus entgegengesetzten Richtung.

Die Bedeutung der Häuser läßt sich am anschaulichsten darstellen, wenn man den Tierkreis zeichnet (also einen Kreis mit zwölf gleichgroßen Bogenabschnitten zu je 30°, versehen mit den Tierkreiszeichen in der dem Uhrzeiger entgegenlaufenden Richtung), und zwar so, daß man links mit dem Zeichen beginnt, das entsprechend dem Fortschritt der Sonne auf ihrer Tagesbahn, entsprechend der Uhrzeit also, gerade im Osten am Horizont aufgeht. Der am Horizont gerade aufgehende Punkt des Zodiakus läßt sich innerhalb des Zeichens auf Grad und Minute genau berechnen. Dieser Punkt heißt *Aszendent*. Zieht man von ihm aus eine durch den Mittelpunkt des Kreises laufende Gerade, erhält man den Horizont (des in der Mitte des Horoskops zu denkenden Betrachters) und mit die wichtigste Angabe für die Bestimmung der »Häuser«: Das erste Haus beginnt am Aszendenten. Am gegenüberliegenden *Deszendenten* beginnt das siebte Haus.

Senkrecht zum Horizont steht der *Meridian*, der oben die Tageskulmination *(Medium Coeli = MC)*, den Mittagsstand der Sonne und zugleich den Beginn des zehnten Hauses anzeigt, unten die entsprechende »Tiefe« des Himmels *(Imum Coeli = IC)* und das vierte Haus. Genau senkrecht steht der Meridian auf dem Horizont freilich nur selten, weil die Gegebenheiten des Weltraums im Horoskop perspektivisch auf eine Fläche projiziert sind. Meist erscheint der Meridian deshalb entweder nach Osten oder nach Westen geneigt. Die Neigung ist von der Zeit und der geographischen Breite des Ortes abhängig, für die das Horoskop erstellt ist. Dadurch sind die Häuser im Horoskop im Unterschied zu den Tierkreisabschnitten zumeist unterschiedlich groß. Es kann also durchaus sein, daß in ein Tierkreiszeichen zwei Häuseranfänge fallen, in ein anderes dafür keines.

Um ein Horoskop für einen bestimmten Ort und eine bestimmte Zeit erstellen zu können, braucht man eine *Ephemeride*. Ihr lassen sich für den mitternächtlichen Beginn (oder den Mittag) eines jeden Tages entnehmen: die Positionen aller Planeten wie auch die *Sternzeit*. Diese ist wie die uns geläufige Sonnenzeit in Stunden, Minuten und Sekunden angegeben. Dabei sind 24 Stunden Sternzeit die Zeit, die der Zodiakus braucht, um eine Drehung von 360° zurückzulegen. Da die Sonne in dieser Zeit auf ihrer Tierkreisbahn um 1° zurückbleibt, ist – wie schon gesagt – ein Sterntag um etwa 4 Minuten (= der 360. Teil von 24 Stunden) kürzer als ein Sonnentag. Bei der Angabe der Sternzeit wird davon ausgegangen, daß wir 0⁰⁰ Uhr Sternzeit haben, wenn 0° WIDDER am MC steht. So lassen sich mit der Sternzeit für den betreffenden Breitengrad die Häuseranfänge bestimmen. Dazu braucht man eine entsprechende *Häusertabelle*. Hier gibt es allerdings – zwar nicht für die beiden Hauptachsen, Horizont und Meridian, wohl aber für die dazwischen liegenden Häuser – unterschiedliche Berechnungsmethoden.[67]

Auch von den zwölf Häusern gehören also je drei zu einem Quadranten. Und wir haben gesehen: Diese Quadranten ergeben sich aufgrund des Kreuzes, das Horizont und Meridian bilden. Oberhalb des Horizontes haben wir den (jedenfalls theoretisch) am Himmel gerade sichtbaren Teil des Zodiakus, unterhalb des Horizontes den (an dem Ort und zu der Zeit, für die das Horoskop gestellt wurde) unsichtbaren Teil. Faktisch ist die Sichtbarkeit der Sterne am Himmel auch von anderen Gegebenheiten abhängig, nicht zuletzt vom Stand der Sonne. Doch die faktische Sichtbarkeit interessiert astrologisch nicht. Wohl interessiert die genaue Position der Sonne. Wenn es in unserer Erfahrung Nacht ist, befindet sie sich im Horoskop unterhalb des Horizonts. Auch das Horoskop wäre dann also – zumindest was den Stand der Sonne angeht und unabhängig vom Stand der anderen Planeten – »nachtbetont«. In makrokosmisch-mikrokosmischer Entsprechung weist ein solches Horoskop auch die zur Nachtzeit geborenen Menschen als »nachtbetont« aus. Das heißt, daß ihre »Sonne« ihnen in der Tiefe, in der Dimension des Unbewußten scheint: Hier liegt der Schwerpunkt ihres Lebens, anders als bei »tagbetonten«, stärker »bewußt« lebenden Menschen.

Der Meridian teilt das Horoskop in eine östliche (linke) und eine westliche (rechte) Hälfte. Ist durch die Planetenkonstellation die vom Aszendenten bestimmte östliche Seite betont, so entspricht dem ein mehr beim »Ich« verweilender Mensch, während einer Betonung der vom Deszendenten bestimmten westlichen Seite ein mehr auf ein »Du« ausgerichteter Mensch entspricht. Die vier Quadranten sind somit – beginnend beim Aszendenten und in der dem Uhrzeiger entgegenlaufenden Reihenfolge – charakterisiert durch 1. nachtbetontes Verweilen beim Ich, 2. nachtbetontes Verweilen beim Du, 3. tagbetontes Verweilen beim Du, 4. tagbetontes Verweilen beim Ich. Diese Reihenfolge entspricht menschlicher Urerfahrung: Der Mensch erfährt sich selbst und das Bilderreich seiner Seele, indem er sich den Eindrücken zuwendet, in denen seine Umwelt sich ihm einprägt (convertendo se ad phantasmata, wie Thomas von Aquin sagt[68]); und er findet zu sich zurück, indem er im schrittweisen Prozeß solcher Hinwendung die Freiheit gewonnen hat, »sein Leben zu verlieren«.

Die zwölf Häuser sind nichts anderes als eine differenzierte Darstellung der vier Quadranten jenes Mikrokosmos, in dem sich unser Leben abspielt. Jedes der zwölf Häuser fragt so nach einem bestimmten Lebensbereich. Die Antwort ergibt sich aus dem im Horoskop über dem jeweiligen Haus stehenden Teil des Zodiakus, vor allem angesichts der in diesem Teil befindlichen Planeten.

Das 1. Haus fragt nach der ursprünglichen Grundgestimmtheit, das 2. Haus nach der »Materie«, in der sich das Ich befindet: Leiblichkeit und Besitztümer, das 3. Haus nach dem Beziehungsgefüge, in dem es zu Hause ist. Das 4. Haus fragt nach der Verwurzelung in der Tradition, im »Reich der Mütter«. Es folgt fünftens das Haus des Eros, des hingebungsvollen, freischaffenden Tuns, und sechstens das Haus, das nach Tendenzen, zu heilen und zu helfen, fragt. Das 7. Haus bezeichnet die Hinwendung zum Du, das 8. Haus die Erfahrung des Zerbrechens der sichtbaren Welt und die Frage, wie es gelingt, zu einer höheren Ordnung vorzustoßen, das 9. Haus den Bereich religiöser und ethischer Ordnung. Das 10. Haus fragt nach der Berufsausübung und dem Wirken im gesellschaftlichen Bereich, das 11. Haus nach den Möglichkeiten geistiger Erkenntnis, geistiger Beziehungen (Freundschaft). Das 12. Haus bezeichnet die Weise der Entsagung und des Sich-Einfügens.

Die Planeten

In das Horoskop müssen nun die Planeten entsprechend ihrem (optischen) Himmelsstand eingezeichnet werden. Auch *Sonne* und *Mond* werden in der Astrologie als »Planeten« bezeichnet, haben hier freilich aufgrund ihrer Dominanz eine Sonderstellung. Das gilt zumal von der *Sonne.*
Wenn die *Sonne* scheint, sind die übrigen Planeten nicht sichtbar. Sie treten erst in Erscheinung, wenn die Sonne »fort« ist. Dann vertreten sie sie gleichsam, spiegeln sie je auf ihre Art ihr Licht wider. So gilt die Sonne als Inbegriff des Lebens schlechthin, während die übrigen Planeten die verschiedenen Kräfte symbolisieren, in denen sich das Leben entfaltet. Diese herausragende Stellung der Sonne ist bei der Horoskopdeutung zu beachten. Andererseits wird im Gesamt des Horoskops mit seinen differenzierten Ausdrucksmöglichkeiten die Position der Sonne innerhalb ihres Zeichens auf vielfache Weise variiert, mit anderen Gegebenheiten vielfältig in Beziehung gesetzt, durch die Stellung der übrigen Planeten ergänzt. Mit Astrologie hat

es also wenig zu tun, wenn man alle Menschen in zwölf Gruppen einteilt je nach dem »Sternbild« – wie man meist fälschlich statt »Tierkreiszeichen« sagt –, in dem bei ihrer Geburt die Sonne stand.

Der *Mond*, die »Leuchte in der Nacht« in stets sich verändernder Gestalt und Farbe, »Maß für die Gezeiten« (Ps 104,19) im Wechsel des Vergehens und Neuwerdens – mit offenkundigem Einfluß auf die Natur und den Menschen –, hat die Menschen seit jeher kaum weniger fasziniert als die Sonne. »Grande mysterium« nennt Ambrosius[69] den Mond wegen seiner Wechselhaftigkeit: ein Bild des Menschen, das nachdenklich stimmt, ein Bild des unabwendbaren Schicksals, sterben zu müssen, und doch wieder neuer Geburt im Widerstrahl des Lichtes der Sonne, ein Bild darum auch der Kirche[70]. »Während die Sonne, immer in Bewegung und dennoch unveränderlich, die Ewigkeit des Seins symbolisiert und in der antiken Mythologie meist dem Manne und der Strahlkraft des Geistes zugeordnet ist (sol invictus), offenbart der Mond eine andere Existenzweise: die der Frau. In den meisten Sprachen ist der Mond weiblichen Geschlechts – ›Frau Luna‹!«[71] Das deutsche Wort »Laune« hängt ethymologisch mit dem lateinischen Wort »luna« = »Mond« zusammen und bringt somit zum Ausdruck, daß der Mond im »lunaren« Bereich des Menschen eine Entsprechung hat.

Merkur entfernt sich nie mehr als 28° von der Sonne. Er ist klein, sein Licht sehr schwach und bleich; aufgrund seiner raschen Bewegung erweckt er den Eindruck, geschäftig hin und her zu laufen. Selbst also nicht profiliert hervortretend, symbolisiert er Beweglichkeit im Denken und Handeln, Geschicklichkeit und Berechnung, die Fähigkeit, mitzuteilen und Verbindungen herzustellen. In der griechischen Mythologie heißt Merkur Hermes. Nach ihm ist die Hermeneutik benannt, die Kunst der Darstellung, der Deutung und der Übersetzung; nach ihm ist ebenso das in die Geheimnisse der Gnosis einführende »hermetische« Schrifttum benannt. Und auch die Hermeen – Findlinge, die als Wegmarkierungen dienten – tragen seinen Namen; denn Hermes galt den Griechen als Wegweiser und Seelenführer, ja überhaupt als »Quelle einer besonderen Welterfahrung und Weltgestaltung«.[72]

Venus gehört ebenso wie Merkur zu den »inneren« Planeten; d. h., daß ihre Bahn zwischen Erde und Sonne liegt. Sie ist darum wie Merkur stets in der Nähe der Sonne (niemals mehr als 48° von ihr entfernt); ob sie nun als Abend- oder Morgenstern zu sehen ist: ihr Licht ist warm und freundlich, ihre Bewegung regelmäßig, der Rhythmus der verschiedenen charakteristischen Stellungen erscheint besonders proportioniert. So ist sie ein Bild für das Streben im Menschen, das nach Ausgleich, Ausgeglichenheit, Harmonie und Ergänzung, nach Schönheit, Gerechtigkeit und Liebe drängt. Im Mythos geht aus der Verbindung von Venus und Mars Eros hervor, auch Harmonia, aber ebenso Phobos (= Furcht) und Deimos (= Grauen).

Mars – nach dem römischen Kriegsgott benannt – erscheint sehr unregelmäßig in seiner Bewegung; etwa ein Jahr lang läuft er mit schwachem Licht in die gleiche Richtung wie die Sonne und wird dabei von ihr überholt, dann bleibt er stehen, um mit starkem, rötlichem Licht in umgekehrter Richtung der Sonne entgegenzueilen. So symbolisiert er die Aggressivität im Menschen, seine Antriebskraft und Schaffensfreude.

Jupiter – griechisch Zeus – ist in der Mythologie Vater, d. h. Erzeuger und Beherrscher sowohl des Merkur als auch der Venus und des Mars. Er ist der »Höchste« der Götter, seit er seinen Vater Saturn in der Weltherrschaft abgelöst hat. Diese »Souveränität« kommt in dem nach ihm benannten Planeten darin zum Ausdruck, daß er zwölf Jahre für seinen Umlauf um die Sonne benötigt, d. h. so viele Jahre, wie das Sonnenjahr Monate hat; sein Licht ist hell und ruhig-freundlich. So bezeichnet er das Streben des Menschen nach einer geistigen und friedvollen Lichtwelt höherer Ordnung, Wachstum, Gedeihen und göttlicher Führung.

Saturn – griechisch Kronos – ist in der Mythologie der jüngste Sohn des Uranos (»Himmel«) und der Gaia (»Erde«). Ihm gelingt es, beide zu trennen (indem er Uranos entmannt) und so ans Licht zu kommen. So wird er zum Herrscher der Zeit (griechisch: chronos), zunächst des goldenen Weltzeitalters, bis seiner Herrschaft von Jupiter ein Ende gesetzt wird. Der nach ihm benannte Planet braucht so viele Jahre wie der Mond Tage, um einmal den Zodiakus zu durchwandern: Er geht nur langsam voran, bleibt stehen und geht wieder ein Stück zurück; sein Licht ist matt. Als letzter der sichtbaren Planeten deutet er die Grenze des Lebensbereiches an, das Prinzip der Lebenshemmung, der Trägheit, Verfestigung und Verhärtung, das allem Leben eine Grenze setzt. Begrenzung bedeutet zugleich aber auch Formung. So meint *Saturn* auch die zwar leidvolle, zugleich aber auch notwendige Erfahrung der Grenze auf dem Weg des Reifens zur Weisheit. Als der »Hüter der Schwelle« gilt er im Mythos darum auch als der Wahrer verborgener Schätze (im antiken Rom wurde der Staatsschatz im Tempel des Saturn aufbewahrt) sowie als Heger neuen Lebens.

Es zeigt sich also, daß sich die astrologische Bedeutung der Planeten daraus ergibt, daß sie – ähnlich wie Tag und Nacht und viele andere Phänomene der Natur – zu der kosmischen Bildwirklichkeit gehören, die der Mensch gleichsam als Spiegel seiner Seele erfährt. Aufgrund ihrer Führung, Lichtstärke und Bewegungseigentümlichkeit

82

wird der Kosmos der Planeten zu einem Bild des Zusammenspiels psychischer Kräfte, das im Mythos seinen sprachlichen Ausdruck gefunden hat.

Wie verhält es sich aber bei den erst in der Neuzeit entdeckten sog. »transsaturnischen« Planeten *Uranus, Neptun* und *Pluto,* die für das bloße Auge nicht sichtbar sind und die ja auch den durch die Siebenzahl zahlenrhythmisch in sich abgeschlossenen Kosmos der »klassischen« Planeten sprengen? Genau dieses alle Erfahrung »Sprengende« scheint das für sie Charakteristische zu sein. Sie konnten erst mit Hilfe des Fernrohrs entdeckt werden, d. h. mit Hilfe einer erst auf technischem Weg gewonnenen Wahrnehmungsfähigkeit. Dem entspricht es, wenn sie – zufällig? – Namen von Göttern der antiken Mythologie erhielten, die ebenfalls jenen chemischen Elementen gegeben wurden, die auch in der erfahrbaren Welt nicht vorkommen, die auch nur auf technischem Weg gewonnen werden können, die – einmal entdeckt und freigesetzt – jedoch eine Wirkung haben, die über alles bisher Bekannte hinausgeht. Ihre Namen interpretieren sie zudem als charakteristisch für das Lebensgefühl der Zeit, in der sie entdeckt wurden, wobei diese Charakteristik im Medium des Mythos wiederum eine Treffsicherheit aufweist, die sich auch astrologisch in der Folgezeit bewahrheitete.

Uranus wurde 1781 entdeckt, das Uran im Jahre 1789, also am Vorabend der Französischen Revolution. In der griechischen Mythologie ist Uranos (der »Himmel«) – als Vater des Saturn vor aller Zeit – ursprünglich in polarer Einheit mit der Erde verbunden. Durch die Trennung wurden gewaltige Kräfte in der Welt erzeugt: die Titanen und Kyklopen. So steht *Uranus* in astrologischer Deutung für das unberechenbar Hervorbrechende, das Geniale sowohl wie das Revolutionäre.

Neptun wurde 1846 entdeckt, nachdem er vorher schon

errechnet worden war. Schon darin besteht eine Parallele zu dem 1940 entdeckten, gleichnamigen chemischen Element: Es kann nur im Labor gewonnen werden. Es ist radioaktiv, d. h., es hat eine Strahlenwirkung, die die natürlichen Wahrnehmungsfähigkeiten des Menschen überschreitet. Im Mythos ist Neptun (griechisch Poseidon) – wie Jupiter Sohn des Saturn – erst sekundär Gott des Meeres. Vor allem ist er der »Erderschütterer« mit unberechenbaren »seismischen« Wirkungen: Er spaltet Felsen und erzeugt Quellen. Der Blitz ist die Vorform seines späteren Attributs, des Dreizacks; das Pferd ist das ihm zugeordnete Tier. So entspricht dem *Neptun* astrologisch eine Sensibilität für die feinsten Schwingungen, für das Übersinnliche, die Welt des »erweiterten Bewußtseins« mit ihren zumeist verschwimmenden und nebulösen Konturen.

Pluto wurde erst 1930 eruiert: als Störfaktor der Bahnen von *Uranus* und *Neptun*. Das 1940 entdeckte chemische Element gleichen Namens gehört zu den radioaktiven Transuranen und wird zur Kernspaltung verwendet. Ihrer Gewalttätigkeit entsprechend haben beide, Planet und Element, ihren Namen von Pluto (griechisch Hades), dem gewalttätigen Herrscher der Unterwelt – wie Jupiter und Neptun Sohn des Saturn. *Pluto* tritt sozusagen am Beginn des Atomzeitalters ins (inzwischen erweiterte) Blickfeld des Menschen und steht astrologisch für die Sprengkraft unbewußter Triebhaftigkeit.

Oft sind im Horoskop auch noch die *Mondknoten* eingezeichnet. Damit werden die beiden Stellen angegeben, an denen die Ekliptik – in einem Winkel von etwa 5° – die Mondbahn schneidet. Wenn *Sonne* und *Mond* je an einem der Knoten stehen, gibt es eine Mondfinsternis; stehen *Sonne* und *Mond* zusammen in einem Knoten, haben wir eine Sonnenfinsternis. Im einen Fall wird also der *Mond*, im anderen Fall die *Sonne* gleichsam verschlungen. Daher wird der aufsteigende Mondknoten auch *Drachenkopf*, der absteigende Mondknoten *Drachenschwanz* genannt.

Die *Planeten* als Bilder psychischer Fähigkeiten im Menschen erhalten von den *Zeichen* her, in denen sie stehen, ihre konkrete Färbung. Die *Häuser* (oder *Felder*) geben die Dimensionen an, in denen die Planeten, die sich darin aufhalten, besonders wirksam sind.

Bei der Deutung eines Horoskops ist schließlich noch auf das Verhältnis der Planeten zueinander zu achten. Als besonders markante Verhältnisse oder – wie die Astrologie sagt – *Aspekte* gelten Konstellationen, bei denen zwei Planeten innerhalb des Zodiakus entweder am gleichen Ort (= *Konjunktion*) oder sich genau gegenüber (= *Opposition*) oder – vom Mittelpunkt des Zodiakus aus gesehen – zueinander in einem Winkel von 60° (= *Sextil*), 90° (= *Quadrat*) oder 120° (= *Trigon*) stehen – wobei eine Abweichung um einige Grade je nach dem stärkeren oder schwächeren Wirkkreis *(Orbis)* eines jeden Planeten toleriert werden kann. Konjunktion, Sextil und Trigon zeigen eine Harmonie an zwischen den psychischen Fähigkeiten, die den betreffenden Planeten entsprechen. Opposition und Quadrat sind dagegen als Spannungsverhältnisse zu deuten. Doch sind auch das ambivalente Aussagen, da ja für einen jeden Reifungsprozeß auch Spannungen notwendig sind.

Exkurs III: Erstellung eines Horoskops

Will man ein (Geburts-)Horoskop erstellen, benötigt man dafür

1. die Angabe des Geburtsortes in Längen- und Breitengraden;

2. die möglichst genaue Angabe der Geburtszeit – Zeitunterschiede von einer Stunde bedeuten immerhin eine Verschiebung der Häuseranfänge um etwa 15°, d. i. eine halbe Zeichenlänge;
3. eine Ephemeride, der – zumeist für 0^{00} Uhr WEZ des in Frage kommenden Tages – die Sternzeit und die Planetenpositionen zu entnehmen sind;
4. eine Häusertabelle, in der für die einzelnen Breitengrade die der Sternzeit entsprechenden Häuseranfänge angegeben sind.

Sowohl Ephemeriden als auch Häusertabellen sind in verschiedenen Ausgaben im Handel erhältlich. Hier seien lediglich erwähnt:

Die Deutsche Ephemeride (1850–2000, 7 Bände), Otto-Wilhelm-Barth-Verlag, Weilheim, bzw. München. Im Anhang des 7. Bandes (1981–2000) befinden sich Häusertabellen für die Breitengrade, die durch Deutschland laufen, ferner eine Tabelle »Geographische Positionen wichtiger Städte der Welt«.

Häusertabellen des Geburtsortes für 0°–60° nördlicher Breite von W. A. Koch und E. Schaeck, Verlag E. Schaeck, Neunkirchen-Saar, 1973.

Können für den in Frage kommenden *Geburtsort* die geographischen Positionen nicht einer Tabelle entnommen werden, nimmt man eine Landkarte zu Hilfe. Die folgenden Hinweise haben den europäischen Raum im Auge.

Die Angabe der geographischen Längenposition ist nötig, um die (mittlere) *Ortszeit* der Geburt zu bestimmen. 15 Grad Längenunterschied bedeuten 1 Stunde Zeitunterschied; 1 Grad Längenunterschied macht also 4 Minuten Zeitunterschied. Die Angaben in den Tabellen beziehen sich auf die Länge von Greenwich (Null-Meridian) und damit auf die Westeuropäische Zeit (WEZ) = »Weltzeit«.

Ihr geht die für Deutschland geltende Zonenzeit, die Mitteleuropäische Zeit (MEZ), voraus (da die Sonne vom Osten her aufgeht), und zwar um 1 Stunde, da sich die MEZ nach dem 15. Längengrad östlicher Länge richtet.

Für die Horoskopberechnung muß also zunächst geklärt werden, in welcher Zonenzeit die Geburtszeit angegeben ist. Sind eventuell »Sommerzeiten« zu berücksichtigen? Bei einer Zeitangabe in MEZ muß

– 1 Stunde abgezogen werden, um die Geburtszeit in »Weltzeit« zu erhalten;

– zu der so errechneten »Weltzeit« die Zeitdifferenz hinzugerechnet werden, die sich aus der Längenposition ergibt – für jeden Längengrad östlicher Länge von Greenwich 4 Minuten –, um die (mittlere) Ortszeit der Geburt zu erhalten. Für München (11° 36, 5'ö. L.) beträgt diese Zeitdifferenz 46 Minuten und 26 Sekunden; $12^{00\,h}$ MEZ (= $11^{00\,h}$ WEZ) hieße somit $11^h\ 46^m\ 26^s$ Ortszeit.

Nun können der Ephemeride die *Planetenpositionen* entnommen werden. Man wird sich zunächst vergewissern müssen, für welche Uhrzeit sie angegeben sind. In den neueren Ausgaben beziehen sich die Angaben gewöhnlich auf $0^{00\,h}$ WEZ. Man wird dann die Angaben des folgenden Tages hinzunehmen, um interpolierend berechnen zu können, um wieviel sich die Positionen zwischen Mitternacht und der Uhrzeit (WEZ) der Geburt verändert haben. Von Bedeutung ist das vor allem für den *Mond,* da sich seine Stellung im Laufe eines Tages um etwa 12° verschiebt. Zu beachten ist auch, ob ein Planet etwa rückläufig ist, was in der Ephemeride durch ein R angezeigt wird.

Ferner enthält die Ephemeride für jeden Tag eine Sternzeit-Angabe. Sofern sich die Ephemeride – und damit auch ihre Sternzeitangabe – auf $0^{00\,h}$ WEZ bezieht, ist nun die

Ortszeit der Geburt hinzuzurechnen, dazu noch pro Stunde weitere 10 Sekunden, nämlich der 24. Teil jener 4 Minuten, um die ein Sonnentag länger als ein Sterntag ist. Bei dieser Addition ist rund um die Uhr zu verfahren: $24^{00 \text{ h}} = 0^{00 \text{ h}}$ (also z. B. $26^{30 \text{ h}} = 2^{30 \text{ h}}$). Für diese Zeit sind in der Häusertabelle die dem Breitengrad des Geburtsortes entsprechenden Häuseranfänge abzulesen.

Um das Horoskop zu zeichnen, braucht man nun einen Kreis, der in 360 Grade unterteilt ist, 30 Grade für jedes Zeichen in der dem Uhrzeiger entgegenlaufenden Richtung. Diesen Tierkreis zeichnet oder – falls man einen vorgezeichneten Tierkreis benutzt – legt man so, daß sich der Anfang des 1. Hauses, der Aszendent, auf der Mitte des linken Kreisbogens befindet. Von diesem Punkt aus zieht man durch den Kreismittelpunkt hindurch eine Linie: den Horizont. Wo diese Linie auf den rechten Kreisbogen auftrifft, befindet sich der Deszendent, der Anfang des 7. Hauses. Ist also z. B. für den Aszendent 10° WIDDER angegeben, so liegt der Deszendent bei 10° WAAGE. Entsprechend trägt man die übrigen Häuserangaben ein. Nun sind noch die Planeten einzutragen, deren Positionen ja schon eruiert wurden, und schließlich ist zu untersuchen, ob sich besondere Aspekte ergeben.

Für die Deutung ist es eine Hilfe, wenn man die Tierkreiszeichen, denen gleiche Elemente zugeordnet sind, durch gleiche Farben kennzeichnet. Dabei läßt sich durch die Intensität der Farbgebung noch hervorheben, ob es sich um ein kardinales, ein stabiles oder ein bewegliches Zeichen handelt. Auch kann man am Außenrand noch bei jedem Zeichen den Planeten angeben, der es beherrscht. Zur Veranschaulichung des Horoskops trägt es ebenfalls bei, wenn man »harmonische« und »disharmonische« Aspekte durch unterschiedliche Farbgebung voneinander abhebt.

Exkurs IV: Das Horoskop in der Dynamik sich verändernder Konstellationen

Bisher blieb unsere Betrachtung des Horoskops statisch orientiert. Doch so, wie die Astrologie zumeist betrieben wird – mehr noch, wie sie in der Vorstellung der meisten Menschen lebt –, begnügt sie sich damit nicht. Für sie zeigt das Geburtshoroskop lediglich eine Grundlegung. Es wird darum meist als *Radixhoroskop* bezeichnet, dessen Planetenkonstellation auch in ihrer Dynamik gesehen werden muß. In der Tat ändert sich die im Horoskop erfaßte Situation ja ständig, so daß die ursprüngliche Prägung eines Menschen auch unter dem Gesichtspunkt untersucht werden kann, wie sie sich in den weiteren Verlauf kosmischer Harmonien und Spannungsverhältnisse einfügt. So kommt die Astrologie dazu, nach Möglichkeiten zu fragen, Entwicklungen vorauszusagen. Eine Reihe von Methoden wurde entwickelt.

Dazu gehört etwa die Beachtung der *Transite*, der »Übergänge« der Planeten über ihre Stellung im Radixhoroskop.

Eine andere Methode ist die Berechnung der *Solarhoroskope*, d. h. der Planetenkonstellation jeweils zu dem Zeitpunkt, da die Sonne – nach Verlauf eines Lebensjahres – wieder an ihrem Standort im Geburtshoroskop steht.

Wichtiger noch ist das System der *Direktionen*. Dabei wird die Bewegung des Himmels am Tage der Geburt auf den Lebensweg projiziert.

Von Primärdirektionen spricht man, wenn von charakteristischen Positionen der einzelnen Planeten im Häusersystem – zumal an den Häuserspitzen – ausgegangen wird und die Abweichung jeder dieser Positionen von der Position des gleichen Planeten im Häusersystem des Geburtshoroskops zur Grundlage der Prognose gemacht wird.

Man verfährt dabei so, daß eine Abweichung von 4 Minuten Sternzeit als Entsprechung zu einem Lebensjahr verstanden wird. So erhält man die Zahl der Jahre, nach der das, was die charakteristische Planetenposition anzeigt, im Leben des Horoskopeigners aktuell wird.

Auch Kepler vertrat eine »doctrina directionum«: daß nämlich »ein jeder Tag nach der Geburt ein Jahr bedeute, zween Tag zwey Jahr und so fort an«.[73] Bei dieser Methode spricht man von *Sekundärdirektionen.*

Doch kann es nicht Gegenstand einer christlich verstandenen Astrologie sein, hierauf näher einzugehen.

V. Das Niederaltaicher Kirchturmhoroskop

Bauhoroskope

Bei der Darlegung des astrologischen Systems hatten wir vor allem eine Astrologie im Auge, die sich mit dem einzelnen Menschen und seinem Geburts-Horoskop befaßt. Sie geht von der Voraussetzung aus: Die Bildwirklichkeit der Konstellation des Planetenhimmels in dem Augenblick, da ein Mensch mit der Geburt in die Selbständigkeit seines Daseins entlassen wird, ist als bleibendes Strukturgesetz diesem Menschen gleichsam eingeschrieben, so daß er sich in seinem Horoskop wie in einem Spiegel wiedererkennen kann. Doch steht solche Individual-Astrologie keineswegs am Anfang der Astrologie-Geschichte. Am Anfang stand die Erforschung des Schicksales der Kommune aus dem Stand der Gestirne: Diese oder jene Konstellation wird zu ihrer Zeit Glück bzw. Unglück über das Land bringen, Sieg oder Niederlage im Krieg etwa.[74] Darum kam es darauf an, für geplante Unternehmungen den richtigen Zeitpunkt des Beginns zu erforschen (Katarchenastrologie). Das galt nicht zuletzt für Städtegründungen.

Nahezu alle berühmten alten Städte haben ihr Stadthoroskop.[75] Auch von größeren Bauten, vor allem aus der Zeit der Renaissance[76], ist überliefert, daß für die Wahl des Termines der Grundsteinlegung die Astrologie zu Rate gezogen wurde. Der italienische Astrologe Guido Bonatus, ein Franziskaner, forderte schon im 13. Jahrhundert in seinem »Tractatus de iudiciis astrorum«[77], daß auch die Grundsteine der Kirchen nach astrologischen Gesichtspunkten gelegt werden müßten. Für die von Kaiser Konstantin erbaute Kirche der Heiligen Weisheit, die Vorgängerin des jetzigen Baues der Hagia Sophia in Konstantinopel, wird von einem solchen Horoskop schon aus dem 4. Jahrhundert berichtet.[78] In seiner Art einzigartig ist der Grundstein der Kirchtürme des Klosters Niederaltaich, von dem hier schon mehrfach die Rede war. Zum Folgenden vergleiche die Abbildung nach S. 96.

Der Grundstein aus rotem Salzburger Marmor, in den das Horoskop in kunstvoller Steinmetzarbeit eingemeißelt wurde, hat eine Höhe von 2,07 m und eine Breite von 1,02 m. In spätgotischer Schrift steht über dem Horoskop die lateinische Inschrift:

Nostre salutis Anno 1514 Eccl'ie
Imperioque Roman Presidentibus
Leone Papa Decimo Ac Maximi-
liano Augusto Et Wigileo Kathe-
dre Patavieñ Kylianus Abbas
Nono Kl. Augusti Prima Jecit
Huius Fundamenta Turris +

Zu deutsch: Im Jahre 1514 unseres Heiles, als der Kirche und dem Römischen Reich Papst Leo X. und Kaiser Maximilian vorstanden und Wigileus dem Passauer Bischofsstuhl, legte Abt Kilian am 9. Tag vor dem 1. August die ersten Fundamente dieses Turmes.

»Des Closters Niederaltaich Kurtze Chronick« von P. Placidus Haiden aus dem Jahre 1731 berichtet (Seite 153), daß das Münster »vormahlen nur einen Thurn gehabt, der anno 1505 am S. Matthaei-Tag unter dem Hoch-Amt oder täglichen Convent-Meß, samt 6 schönen Glocken urplötzlich zusammen gefallen, ohne jemand zu verletzen«.

Unter dem Horoskop steht auf dem Grundstein:

Also stuendn̄ des Hymls Figurn̄ do Man
Legt den erstn̄ staȳ des Thurn̄ durch Abbt
Kylian Das Geschach an dē vieruñzwantzi-
gistm̄ Tag July des Monets als war Thau-
sent funfhumdert viertzehen Jar.

Es folgen, die letzte Zeile zu Ende führend, das Wappen
des Klosters und das Monogramm KW des Abtes Kilian I.
Weybeck (1503–1534), sowie das Zeichen des Steinmet-
zen (Jörg Amberger).
Wie nun aber die Sterne über Niederaltaich standen, als
Abt Kilian diesen Grundstein am 24. Juli 1514 setzen ließ,
das ist auf dem Horoskop zwischen den beiden Inschriften
dargestellt. Zusätzliche zeitgenössische Nachrichten darüber, wie die Darstellung zustande gekommen ist, haben
wir nicht.
Nun möchte man freilich meinen, daß es sich bei dem Beginn eines Turmbaus um ein belangloses Datum handelt.
Die Kirche und erst recht das Kloster insgesamt sind um
einiges älter. Doch besteht der Sinn gerade eines Turmes
vor allem in seiner Bildhaftigkeit: Türme sind Wahrzei-
chen, in denen der Mensch sich selbst erkennt, gleichsam
sich selbst aufrichtet. Türme sind darum auch eine Aussage über ihre Erbauer. In der Geschichte vom Turmbau
zu Babel wollen die Menschen sich mit ihrem Turm einen
Namen machen (Gen 11,4). *Kirch*türme sind Zeichen des
auf Gott ausgerichteten und gerade dadurch aufgerichte-
ten Menschen. Türme dienen der Identifizierung, sie stehen für das Ganze einer Ortschaft, eines Klosters. So hat
am Turm das Horoskop einen sinnvollen Platz, und man
darf annehmen, daß bei der Wahl des Termines für die
Grundsteinlegung nicht willkürlich verfahren wurde.
Freilich hat ein solches Bauhoroskop einen anderen Stellenwert als das Geburtshoroskop eines Menschen. Aber es

ist sozusagen in der gleichen Symbolsprache gehalten. So mag die Interpretation des Niederaltaicher Turmhoroskops hier zumindest der Veranschaulichung dieser Symbolsprache dienen.

Also stuendn̄ des Hymls Figurn̄

Graphisch ist das Horoskop im Grundstein des Niederaltaicher Südturmes nicht als Kreis, sondern als Quadrat dargestellt, wie es seinerzeit allgemein üblich war. Die zwölf Häuser legen sich – am äußeren Rand beziffert – in Form eines aus gleichschenkeligen Dreiecken zusammengesetzten Bandes um ein inneres Quadrat. In jedem Haus ist genau sein Standort im Zodiakus angegeben, womit deutlich gemacht ist, daß von einer bestimmten Tageszeit ausgegangen wurde. Die Planeten sind ohne nähere Angaben in die Häuser eingesetzt.

Zur Überprüfung und Ergänzung der astronomischen Angaben müssen wir eine Ephemeride einsehen. Für die Jahre 1499 bis 1531 finden sich die nötigen Angaben in: Almanach nova plurimis annis venturis inservientia, per Joannem Stoefflerinum Justingensem et Jacobum Pflaumen Ulmensem accuratissime supputata et totifere Europe dextro sydere impartita, gedruckt 1499 in Ulm bei Joannes Reger. Die Angaben in dieser Ephemeride, der auch Häusertabellen beigegeben sind, beziehen sich jeweils auf Ulm, 12 Uhr mittags. Für eine dem zeitgenössischen Verständnis adäquate Interpretation unseres Horoskops wird es nützlich sein, immer wieder auch auf Formulierungen zurückzugreifen, die dieser Almanach zur Einführung in die Astrologie gebraucht.

Schon auf den ersten Blick und ohne Zuhilfenahme der Ephemeride läßt sich feststellen, daß die *Sonne* im 9. Haus steht, daß das Horoskop also für den frühen Nachmittag ausgestellt ist, das aber heißt am 24. Juli: für die Zeit, da liturgisch das Fest des hl. Apostels Jakobus des Älteren begann, das am 25. Juli begangen wird. Jakobus, meist in der Ausrüstung eines Pilgers dargestellt, war während des ganzen Mittelalters schlechthin der Heilige der Pilgerschaft. Santiago de Compostela (»Sanct Jakob vom Sternenfeld«), wo nach der Tradition der Heilige begraben liegt, war nach Jerusalem und Rom das bedeutendste Wallfahrtsziel der abendländischen Christenheit. Aus ganz Europa führten dorthin die Pilgerwege. So zeigt sich schon hier eine Beziehung zwischen dem Datum der Grundsteinlegung und dem auf Seite 57 beschriebenen Bild des »Weges nach oben« im Inneren der Horoskopdarstellung.

Will man die Zeit der Grundsteinlegung näherhin bestimmen, muß man von den Häuserangaben ausgehen. Das Horoskop verzeichnet für das 1. Haus (Aszendent): SKORPION 20°, entsprechend für das 7. Haus (Deszendent): STIER 20°; für das 2. Haus: SCHÜTZE 26°, entsprechend für das 8. Haus: ZWILLINGE 26°; für das 3. Haus: WASSERMANN 9°, entsprechend für das 9. Haus: LÖWE 9°; für das 4. Haus (Imum Coeli): FISCHE 13°, entsprechend für das 10. Haus (Medium Coeli): JUNGFRAU 13°; für das 5. Haus: WIDDER 8°, entsprechend für das 11. Haus: WAAGE 8°; für das 6. Haus: WIDDER 28°, entsprechend für das 12. Haus: WAAGE 28°. Auch die beiden Tierkreiszeichen, in die in unserem Horoskop kein Häuseranfang fällt, nämlich STEINBOCK und KREBS, sind eingezeichnet, merkwürdigerweise jedoch nicht im 2. und 8. Haus, wo sie ihren Platz hätten, sondern im 3. und 9. Haus.

Niederaltaich liegt 48° 49' nördlicher Breite. Bei der Auswertung der Häuserangaben zeigt sich, daß diese unterschiedlichen Sternzeiten entsprechen. Bezogen auf den Breitengrad von Niederaltaich ergibt sich z. B. für den Aszendenten bei SKORPION 20° die Sternzeit 10 ^{h} 35 ^{m}, für den Beginn des 3. Hauses bei WASSERMANN 9° aber 11 ^{h} 28 ^{m}. Für die Zeitbestimmung ist jedoch vor allem die Position des Medium Coeli maßgeblich. Für MC bei JUNGFRAU 13° geben die Tabellen als Sternzeit 10 ^{h} 57 ^{m} (mit einem Spielraum von 4 Minuten) an. Den Mittagsstand der *Sonne* gibt die Ephemeride mit 9° 51' an. Hier zeigt sich, daß das Datum des Horoskops, der 24. Juli 1514, nach dem Julianischen Kalender angegeben ist. Die gregorianische Kalenderreform wurde erst 1582 eingeführt, als man auf Donnerstag, den 4. Oktober, Freitag, den 15. Oktober, folgen ließ. So wird der Mittagsstand der *Sonne* am 24. Juli bei LÖWE 9° 51' verständlich. Für diesen Mittagsstand ist nach den Angaben des Almanach mit einer Sternzeit von 8 ^{h} 49 ^{m} zu rechnen. Daraus ergibt sich, daß das Horoskop für etwa 2 ^{h} 10 ^{m} nach Mittag, also für 14.10 Uhr (Ortszeit) erstellt wurde.

Gemäß antiker und mittelalterlicher Tradition läßt sich nun noch untersuchen, welcher Planet diese Stunde beherrschte. Zunächst läßt sich leicht feststellen, daß der 24. Juli 1514 ein Montag war[79]: ein Mond-Tag. Bis heute haben ja – in den meisten europäischen Sprachen deutlicher als im Deutschen – die Wochentage ihre Namen von den Planeten, und zwar in der Reihenfolge: *Sonne, Mond, Mars, Merkur, Jupiter, Venus, Saturn.* Diese Reihenfolge hängt damit zusammen, daß auch jede Stunde des Tages von einem Planeten beherrscht ist, beginnend mit dem Tagesplaneten um 6.00 Uhr morgens. 6.00 Uhr meint in diesem Fall nicht eine an der mechanischen Uhr, sondern an der Natur abzulesende Zeit: die Zeit des Sonnenaufgangs. Es folgen die übrigen Planeten in der klassischen Reihenfolge, in der am Himmel ihre Entfernung zur Erde kleiner

wird: *Saturn, Jupiter, Mars, Sonne, Venus, Merkur, Mond.*
Da der Tag 24 Stunden hat, kommen jeden Tag alle Planeten dreimal, drei jedoch viermal zur Herrschaft. So kommt
es zu dem Viersprung im Planetenzyklus bei der Aufein-
anderfolge der Tagesplaneten, den folgende Zeichnung
deutlich macht.

Am Aszendenten war die *Sonne* am 24. Juli 1514 um 1 ^{h}
25 ^{m} Sternzeit, also 7 Stunden und 24 Minuten vor ihrem
Mittagsstand. Das bedeutet, daß die *Sonne* am Tage der
Grundsteinlegung um 4.36 Uhr Ortszeit aufgegangen ist.
Das bedeutet weiter, daß der 12. Teil des hellichten Tages,
eine natürliche Tagesstunde also, an jenem Sommertag 74
Minuten der mechanischen Zeitrechnung dauerte. Das
wiederum bedeutet, daß die Zeit der Grundsteinlegung
(14.10 Uhr) in die 8. Tagesstunde fiel und damit wieder
unter die Herrschaft des *Mondes.*
Nicht nur der Tag, sondern darüber hinaus auch die
Stunde der Grundsteinlegung war also besonders vom
Mond geprägt. Dieser aber – so wurde schon deutlich – gilt
in der mittelalterlichen Symbolsprache als Bild des
menschlichen Wandels, als Bild der Kirche. So ist mit der

Zeitwahl der Grundsteinlegung – an einem Tag und zu einer Stunde des *Mondes* und zum Auftakt des Festes des hl. Jakobus – schon etwas über den Sinn des Horoskops gesagt: Es soll anzeigen, unter welchem Gesetz die klösterliche Gemeinschaft dieses Ortes ihre Pilgerschaft, ihren Weg zu Gott angetreten hat.Dieses Gesetz kommt in der Planetenkonstellation zum Ausdruck, die das Horoskop verzeichnet.

Im 1. Haus ist *Saturn* eingezeichnet. Die Ephemeride gibt als Position für *Saturn* allerdings SKORPION 18° 26' an, so daß dieser in unserem Horoskop noch im 12. Haus eingezeichnet sein müßte. Zeitlich macht die Differenz weniger als 10 Minuten aus. Wir haben jedoch bereits gesehen, daß der Aszendent sowieso schon um 22 Minuten zu früh angesetzt ist und eigentlich bei SKORPION 24° liegen müßte. Vielleicht wurde deshalb das *Saturn*-Zeichen vor die Positionsangabe des 1. Hauses gesetzt. Die Darstellung des Horoskops ist hier also ein wenig frisiert worden. Offenbar sollte zur Darstellung kommen, daß *Saturn*

- unmittelbar am Aszendenten steht, also eine besonders starke Position hat;
- dort zudem eine günstige Position hat, was eine Tafel der »Stark und Widrigkeiten« der Planeten im Almanach für *Saturn* bei SKORPION 20° (allerdings auch bei SKORPION 18°) ausdrücklich verzeichnet;
- dort gerade aus der zweiten in die dritte Dekade des Zeichens SKORPION eingetreten ist.

Damit wird es nötig, noch auf eine weitere Unterteilung des Tierkreises einzugehen: Bei den Ägyptern regierten 36 Götter je 10 Grade des Tierkreises. Aus einer Integration dieses Systems in das babylonische Zwölf-Zeichen-System entstand wohl die noch zur Zeit unseres Horoskops geläufige[80] Einteilung jedes Tierkreiszeichens in drei Dekaden, in denen jeweils einer der Planeten als »Dekan« sein

»Gesicht« zeigt, seinen Einfluß ausübt. Die drei SKOR-
PION-Dekane sind der Reihe nach: *Mars, Sonne, Venus.*
Wenn *Saturn* beim Eintritt in die 3. Dekade aus dem Ein-
flußbereich der *Sonne* in den der *Venus* gelangt ist, besagt
das eine weniger konfliktgeladene, eine mehr zum Ausgleich tendierende Position des *Saturn* innerhalb des von
Mars regierten Wasser-Zeichens SKORPION. Allerdings
gerät *Saturn* hier auch stärker in ein Quadrat zu *Venus*
selbst.

Im 2. und 3. Haus sind keine Planeten eingetragen. Im
4. Haus steht *Mars*, nach Auskunft der Ephemeride in
FISCHE 17° 54' (seit dem 23. Juli rückläufig), ebenfalls
also in einem Wasser-Zeichen, jedoch von *Jupiter* regiert,
der zudem noch der Dekan dieser Position ist, und zugleich in einem Trigon zu *Saturn* (dessen Position in der
Ephemeride ja mit SKORPION 18° 26' angegeben ist).
Außerdem ist im 4. Haus der absteigende Mondknoten
eingezeichnet. Nach Auskunft der Ephemeride müßte er
bei FISCHE 3° 2', also im 3. Haus stehen. In der Horoskopdarstellung soll er wohlmöglich die Beziehung von
Saturn und *Mars* unterstreichen, da er in der astrologischen Deutung eine dem *Saturn* ähnliche einschränkende
Wirkung hat.

Im 5., 6. und 7. Haus sind keine Planeten eingezeichnet.
Im 8. Haus steht *Jupiter.* Die Ephemeride weist ihm seinen
Platz in dem von *Merkur* regierten Luft-Zeichen ZWIL-
LINGE zu, und zwar bei 10° 44'. Hier tritt er in die
2. Dekade ein, die von ihm selbst regiert wird, seine Position also stärkt. Doch müßte er hier im 7. Haus stehen. In
der graphischen Darstellung ist dem möglicherweise insofern Rechnung getragen, als die Angabe für den Beginn des
8. Hauses – ZWILLINGE 26° – an dessen Abschlußlinie
gerückt ist, so daß das Zeichen für *Jupiter* davor zu stehen
kommt. Daß es durchaus sinnvoll sein kann, in einem

Klosterhoroskop *Jupiter* im 8. Haus haben zu wollen, wird die astrologische Deutung zeigen. Am astrologisch richtigen Ort ergibt sich ein Sextil zur Sonne.

Die *Sonne* – zur Zeit der Grundsteinlegung bei LÖWE 9° 56' – steht im 9. Haus. Für dessen Beginn ist – wie wir schon sahen – LÖWE 9° ein extrem später Ansatz; nach der Häusertabelle müßte es bei KREBS 30° beginnen. Die Aussage, daß die *Sonne* in ihrem eigenen Zeichen LÖWE an der Spitze des 9. Hauses steht, ist offenbar intendiert. Diese Vermutung wird dadurch erhärtet, daß man in der Darstellung bei der Verlegung des Häuseranfangs in Richtung auf die Sonne den *Merkur* gleichsam mitgenommen hat, um ihn im 9. Haus zu belassen. Denn nach der Ephemeride hat er seinen Platz bei LÖWE 1° 21'. *Merkur* stand am 24. Juli 1514 als Morgenstern am Himmel, war freilich kaum zu sehen, da er nur etwas mehr als eine halbe Stunde vor der *Sonne* aufging, somit gleich von ihrem Licht überstrahlt wurde.

Auch *Venus* steht im 9. Haus. Ihr Platz ist dort bei LÖWE 26°, in einem Mars-Dekanat. Sie stand am Tag der Grundsteinlegung als Abendstern am Himmel.

Der *Mond* steht im 10. Haus im erdhaften Merkur-Zeichen JUNGFRAU, und zwar zur Zeit der Grundsteinlegung bei etwa 17°: in einem Venus-Dekanat und in genauer Opposition zu *Mars*, damit zugleich in einem Sextil zu *Saturn*. Zu sehen war er am 24. Juli 1514 noch gut zwei Stunden lang nach Sonnenuntergang, und zwar als zunehmende, jedoch noch schmale Sichel. Der »Drachenkopf«, der ebenfalls im 10. Haus eingezeichnet ist, müßte eigentlich ebenso seinen Platz im 9. Haus haben, wie der »Drachenschwanz« eigentlich im 3. Haus (und nicht im 4.) seinen Platz hätte. Im 11. und 12. Haus – beide im Zeichen WAAGE – stehen keine Planeten mehr.

Überblicken wir nochmals, in welchem Verhältnis die

Planeten zueinander stehen, dann ergibt sich folgendes Bild: *Saturn* steht in einem Mars-Zeichen; *Mars* ist von *Jupiter* beherrscht; dieser steht ebenso wie der *Mond* in einem Merkur-Zeichen. *Merkur* und *Venus* stehen im Zeichen der *Sonne*. Damit erweist sich die *Sonne* als dominierend, und zwar so sehr, daß alle Planeten in ihre Herrschaft integriert sind. Die *Sonne* steht in einem Sextil – in einem harmonischen Aspekt also – zu *Jupiter*. Ebenfalls einen günstigen Aspekt (Trigon) bilden *Saturn* und *Mars* einerseits und *Saturn* und *Mond* andererseits, während sich das Verhältnis von *Saturn* zu *Venus* einem Quadrat nähert. *Mars* und *Mond* stehen zueinander in Opposition.

Astrologische Deutung

Am Aszendenten prägt in unserem Horoskop *Saturn* die Grundgestimmtheit. Das will sagen: Leicht beschwingte Großzügigkeit ist nicht Niederaltaichs Stärke (und war es in der Geschichte auch nie). *Saturn* im 1. Haus »bewegt hartseligkeit in allen seinen anfenngen«, sagt der Almanach. Das heißt: die Erfahrung beschränkter Möglichkeiten wird zur bestimmenden Gegebenheit des Lebens. Doch liegt für den Menschen in der Anerkennung und Annahme der Grenzen, die er erleidet, zugleich die Möglichkeit des Wachsens und Reifens. Im Horoskop ist in dem positiven Verhältnis von *Saturn* und *Mars* zum Ausdruck gebracht, daß gerade in der Begrenztheit eine Dynamik des Handelns wirksam wird, und diese macht, daß sich die Auseinandersetzung mit den Schwierigkeiten als Fähigkeit, Ausdauer und Gewissenhaftigkeit auswirkt. Die Beziehung des *Saturn* zu den beiden »weiblichen« Planeten *Venus* und *Mond* bedeutet, daß diese Festigkeit durchaus nicht gefühllos ist. Seine Position im Wasser-Zeichen SKORPION deutet auf Spürsinn für hintergründige Zusammenhänge hin, besagt aber zugleich – zumal im 1. Haus –, daß das Gefühl noch nicht zur Klarheit gelangt, noch nicht geläutert ist. Nicht zuletzt zeigt sich im Verhältnis zu *Venus* – im Streben nach Entfaltung der Sensibilität für das Schöne und der Fähigkeiten zu warmherziger Liebe – hier am Anfang eine Spannung, die es geistig zu verarbeiten gilt. Doch der günstige Aspekt von *Saturn* und *Mond* besagt – um die Formulierung eines heutigen Astrologen zu gebrauchen –: »ein realistisch angepaßtes Seelenleben, das sich dem greifbar Wirklichen zuwendet und sich auch mit unliebsamen Tatsachen abfindet, der Notwendigkeit ins Auge sieht ... Die Selbstsicherheit wird gestützt durch das Gefühl, eine praktisch brauchbare Arbeit zu leisten oder für jemanden da zu sein, die Stärke liegt in der seelischen Konsequenz, seinen Auftrag zu vernehmen und zu erfüllen«.[81]

Mars in FISCHE besagt »eine schlechthin unberechenbare Lust zum Einsatz, dem Stimmungswandel entsprechend eine vielseitig anpassungsfähige, an unterschiedlichen Dingen sich versuchende, in weitgesteckte Vorhaben ausschweifende Energie«.[82] Die Opposition von *Mars* und *Mond* deutet dabei einen dauernden Widerstreit von Aktion und Kontemplation an, zugleich die Gefahr, in der Dynamik sich von Leidenschaften bestimmen zu lassen oder in den Leidenschaften allzu aggressiv zu werden. In der Beziehung von *Saturn*, *Mars* und *Mond* geht es also in unserem Horoskop vor allem um die Bewältigung seelischer Konflikte. Es deutet sich als Problem an, mit den eigenen Kräften hauszuhalten, um bei aller leidenschaftlichen Dynamik und dem Erspüren dessen, was zu tun ist, die Erfahrung des eigenen Ungenügens und Begrenztseins so zu verarbeiten, daß daraus eine Festigkeit, ein In-sich-

Ruhen erwächst, das zugleich einfühlsam offen, »gehorsam« bleibt für einen möglichen Anruf und fähig, sich zielstrebig auf einen solchen Anruf einzulassen. Wir haben schon gesehen, daß der Almanach in einer Tafel »der Stark und Widrigkeiten« der Planeten den Standort von *Saturn* in unserem Horoskop, also SKORPION 20°, als glückmehrende Position angibt. Das Gleiche gilt für *Mars* in FISCHE 13°. Dabei ist es nun von Bedeutung, daß *Mars* im 4. Haus steht, das nach der Verwurzelung in der Tradition fragt und nach der Fähigkeit, in solcher Verwurzelung zu Hause zu sein. *Mars* im 4. Haus bedeutet in unserem Horoskop also noch einmal, daß die Dynamik des Handelns lunar bestimmt ist, und zwar nicht nur im Konflikt mit den Leidenschaften, sondern vor allem auch dadurch, daß diese Dynamik aus der Verbundenheit mit der Tradition ihre Kraft bezieht und zugleich in der Tiefe des Gemütes wurzelt. Nicht also Hitzköpfigkeit und nicht intellektuelle Berechnung sind die beherrschenden Antriebskräfte, und zugleich: wenn man trotz aller Schwierigkeiten nicht aufgibt – obwohl man es vielleicht anderswo leichter hätte –, dann nicht aus Unbeweglichkeit, sondern weil man an diesem Ort mit seiner konkreten Geschichte zu Hause ist und aus solcher Verwurzelung heraus hier seine Aufgabe sieht.

Es ist zweifellos reizvoll, die Geschichte Niederaltaichs – zur Zeit Abt Kilians[83], aber auch in neuerer Zeit – unter diesen Gesichtspunkten zu lesen. Zugleich wird man an markante Formulierungen der Klosterregel des hl. Benedikt erinnert. Im 58. Kapitel »Vom Verfahren bei der Aufnahme der Brüder« heißt es: »Kommt also einer und klopft beharrlich an, und zeigt es sich während vier oder fünf Tagen, daß er die ihm zugefügten Unbilden und die Erschwernis des Eintritts geduldig erträgt und auf seiner Bitte besteht, so gewähre man ihm den Eintritt... Es werde ihm zum voraus alles Harte und Rauhe gesagt, das der Weg zu Gott an sich hat . . . Legt er ein Versprechen ab über seine Beständigkeit und Beharrlichkeit, so soll man ihm . . . diese Regel von Anfang bis Ende vorlesen. Und man sage ihm: ›Siehe das Gesetz, unter dem du dienen willst‹«. Im Prolog der Regel heißt es über den Sinn eines Klosters: »Wir wollen also eine Schule für den Dienst des Herrn errichten . . . Sollte es auch, wo Vernunft und Billigkeit es erfordern, zur Läuterung von Fehlern und Bewahrung der Liebe ein wenig strenger hergehen, so fliehe nicht gleich in Angst und Schrecken vom Weg des Heils, der am Anfang nicht anders als eng sein kann. Schreitet man aber im klösterlichen Wandel und Glauben voran, so weitet sich das Herz, und man läuft den Weg der Gebote Gottes in unaussprechlich süßer Liebe.« Es ist somit sicherlich nicht abwegig, in unserem Horoskop die Bedeutung der »Beständigkeit« (stabilitas), des ersten der benediktinischen Mönchsgelübde, angedeutet zu sehen.

Das 8. Haus bezeichnet die Erfahrung des Zerbrechens der sichtbaren Welt und die Frage, wie weit es gelingt, zu einer höheren Ordnung vorzustoßen. *Jupiter* im 8. Haus gibt in unserem Horoskop die Antwort darauf. Denn *Jupiter* besagt die Kraft, die finsteren Mächte der Tiefe zu besiegen, und – zumal in einem Luftzeichen (im Horoskop: ZWILLINGE) – ein Sich-Einfügen in die höhere Welt des Geistes, in der es die Fülle des Lebens, Wachstum und Reifen, Glück und Frieden gibt. Im Almanach heißt es, *Jupiter* im 8. Haus besage »verlierung der gutter«. Im schon erwähnten 58. Kapitel der Benediktinerregel heißt es im Blick auf den Novizen, man möge darauf achten, »ob er wirklich Gott sucht«. Wenn in unserem Horoskop *Jupiter* ins 8. Haus hineingeholt wird, dann offenbar mit der Absicht, hier das zweite benediktinische Gelübde zum Ausdruck gebracht zu sehen: die ständige Bekehrung, die conversatio morum, oder auch – wie man meistens las – die conversio morum, die Abkehr vom weltlichen Treiben. Die Häufung von drei Planeten – unter ihnen die *Sonne* – im 9. Haus zeigt schon an, daß hier der eigentliche Schwerpunkt des Horoskops liegt. Das 9. Haus ist das eigentliche Haus *Jupiters*, in das man nach Überwindung der im 8. Haus erfahrenen Konfliktsituationen vordringt: der Bereich religiöser und ethischer Ordnungen. Der Almanach siedelt hier »die fern raysen und die orden« an, ferner Pilgerreisen, Glauben, Religion, Weisheit und Philosophie. In günstigem Aspekt zu *Jupiter* – so stellten wir fest – steht an der Spitze dieses Hauses dominierend die *Sonne* in ihrem eigenen Zeichen. Hier kommt in unserem Horoskop die eigentliche Lebenskraft ganz zu sich selbst, begünstigt von *Jupiter* – und ihrerseits diesen begünstigend – im Hintersichlassen der rein natürlichen Welt. Der Almanach sagt: *Sonne* im 9. Haus »naigt die liebhabung der ere«.

Daß auch *Merkur* und *Venus* im feurigen Sonnen-Zeichen LÖWE stehen, unterstreicht die Dominanz der *Sonne*. *Merkur* als Symbol der praktischen Vernunft, der Intelligenz, die forscht und zugleich vermittelt, besagt in LÖWE eine starke Zielorientiertheit im Rahmen der Ordnung, in der das Ziel gesehen wird, d. h. im 9. Haus eine Hinordnung auf »letzte Dinge« – »zucht, kunst und weißheit«, wie der Almanach sagt –, in unserem Horoskop dies nun im unmittelbaren Dienst der *Sonne*, des ureigensten, innerlich bejahten Lebensimpulses. Dabei deutet die Nähe des *Merkur* zur *Sonne* die Gefahr fehlender Distanz der Urteilskraft zur Spontaneität des Lebens an, obwohl die Entfernung zwischen beiden Planeten immerhin noch so groß ist, daß man nicht von einem »verbrannten Merkur« sprechen kann.

Daß das Leben und die praktischen Fähigkeiten in den

Dienst einer höheren Ordnung, der Religion gestellt werden, besagt für Mönche das, was sie in ihrem dritten Gelübde als »Gehorsam« geloben. Daß dieser Gehorsam sich auch im »Eifer für den Gottesdienst« (Regel, Kapitel 58) erweist, und zwar so, »daß unser Herz im Einklang ist mit unserem Wort« (Kapitel 19), sagt im Horoskop *Venus*. Denn auch *Venus* steht hier ja im 9. Haus, wobei die Nähe zur *Sonne* eine Verbindung von ästhetischem Empfinden und den Empfindungen des Herzens besagt. Im Zeichen des LÖWEN besagt *Venus* Herzlichkeit, Begeisterungsfähigkeit, ein affektiv ausgeprägtes ästhetisches Empfinden, das sich in Sinnlichkeit, in Charme bis hin zum Schaubetrieb äußern kann. Es wird deutlich, welch zentrale Aussagen über die Gesamtatmosphäre und besonders über den liturgischen Bereich Niederaltaichs als eines benediktinischen Klosters *Venus* in unserem Horoskop symbolisiert. Das Quadrat zu *Saturn* besagt jedoch, daß dieses hohe geistige Niveau der *Venus* immer neu erarbeitet sein will.

Der *Mond*, das Bild der abgründigen Tiefe des menschlichen Lebens, steht im 10. Haus. Dieses gibt Auskunft über den Beruf und das Wirken im gesellschaftlichen Bereich. Im Blick auf unser Horoskop könnte man formulieren: Meditation wird zum berufsmäßig betriebenen Gestaltungselement der Gemeinschaft. Dabei ist der *Mond* in JUNGFRAU erdhaft getönt und von *Merkur* bestimmt. Das heißt: er verbindet Tiefe seelischer Erfahrung mit nüchternem Sinn für das Konkrete. Er verliert sich nicht in Träumereien, sondern dringt zum praktischen Handeln vor. Der Almanach erwähnt vor allem den Bereich der Erziehung (»pueros litteris tradere est optimum«). Die Bedeutung des *Mondes* für die grundlegende Beziehung von *Saturn* und *Mars* in unserem Horoskop wurde schon hervorgehoben.

So steht das Horoskop der Niederaltaicher Türme einerseits in Übereinstimmung mit dem Selbstverständnis benediktinischen Mönchtums, das an diesem Ort gelebt wird. Andererseits setzt es innerhalb dessen doch auch konkrete Akzente. Es zeigt Stärken, aber auch Grenzen und Gefahren, die nicht für jedes Kloster in gleicher Weise gegeben sind. Zweifellos hat in diesem Sinn die Geschichte eines jeden solchen Ortes ihr eigenes Gepräge, ihre eigenen Bedingtheiten. Das Horoskop macht deutlich, daß diese Bedingtheiten zugleich das Gesetz sind, nach dem es gilt, an diesem Ort den Weg nach oben zu gehen, zur Beherrschung und Integration der elementaren Triebkräfte: die Pilgerreise zu Gott.

VI. Astrologie – christlich

Das Horoskop als Meditationsbild

Die Astrologie erhebt nicht den Anspruch, den Menschen ganz und im letzten Geheimnis seiner Person erfassen zu können. Sie ist jedoch davon überzeugt und sieht sich aufgrund ältester wie auch immer wieder neuer Erfahrungen darin bestätigt: Die Planetenkonstellation zur Zeit der Geburt eines Menschen, wie sie im Medium des Mythos erfaßt werden kann, hat in diesem Menschen, in den unbewußten Tiefenschichten seines Denkens, Wollens und Fühlens wie in seiner Leiblichkeit ihre strukturelle Entsprechung. Darum spiegeln sich in seinem Horoskop die Vorstellungs- und Reaktionsmuster wider, die für ihn – aufgrund der vorgegebenen Anlagen und nicht nur aufgrund seiner Lebensgeschichte, seines Milieus – typisch und sozusagen selbstverständlich sind. Wie sich im Rahmen dieser strukturellen Prägung aufgrund der vielfältigen erblich und biographisch bedingten Einflüsse und bewußter Willensentscheidungen das Leben konkret entfaltet, das entzieht sich astrologischer Diagnose. So läßt sich auch nicht vorhersagen, wie der Mensch innerhalb der ihm gesetzten Grenzen seine Möglichkeiten ergreift. Diese zu erkennen, kann das Horoskop jedoch eine Hilfe sein.

Ein Horoskop hat seinen Wert als Meditationsbild. Es kann dem Horoskopeigner helfen, sich selbst besser zu begreifen und so innerhalb der vorgegebenen Grenzen die ureigensten Möglichkeiten zu erkennen, wie auch die Schwierigkeiten, die es aufgrund dieser Grenzen zu bewältigen gilt.

Naürlich wird immer wieder nach dem Realitätswert dieser These gefragt und versucht, sie durch statistische Erhebungen zu belegen (oder zu widerlegen). M. Gauquelin z. B. hat Geburtshoroskope von Personen untersucht, die bestimmten Berufsgruppen angehören und sich innerhalb ihrer Berufsgruppe besonders ausgezeichnet hatten: »Bei 25000 berufstätigen europäischen Personen standen zur Zeit ihrer Geburt ungewöhnlich häufig der Mond und die Planeten Mars, Jupiter und Saturn in ihrem Aufgang und ihrer Kulmination. So Mars bei den Sportlern, Jupiter bei den Schauspielern, der Mond bei den Schriftstellern, Saturn bei den Gelehrten etc.«[84]

Gauquelin stellte sich auch die Frage, wie dieses Ergebnis in Einklang zu bringen ist mit dem, was wir über die Vererbung solcher Anlagen wissen, die einen Menschen bestimmen, Sportler, Schauspieler oder Gelehrter zu werden. Das führte ihn dazu, in der Zeit von 1960–1965 für mehr als 30000 Entbindungen die jeweilige Gestirnskonstellation zu beobachten. Dabei stieß er auf ein Phänomen, das er den »planetarischen Hereditätseffekt« nennt: »Bei den Kindern gibt es eine Tendenz, unter den gleichen kosmischen Verhältnissen zur Welt zu kommen, unter denen auch schon ihre Eltern zur Welt gekommen sind. Während ihres täglichen Umlaufs nehmen die der Erde am nächsten stehenden Gestirne des Sonnensystems, Mond, Venus, Mars, Jupiter und Saturn, zum Geburtszeitpunkt der Kinder Stellungen am Himmel ein, die analog zu jenen sind, die sie bei der Geburt ihrer Eltern innehatten. Die Kinder tendieren insbesondere dazu, dann geboren zu werden, wenn das eine oder andere dieser Gestirne aufgeht oder kulminiert und wenn dasselbe Gestirn sich bei der Geburt der Eltern in derselben Himmelsgegend befand. Der planetarische Effekt erscheint daher sehr wohl hereditär.«[85]

Für die Astrologie selbst bringen solche Ergebnisse statistischer Untersuchungen kaum etwas ein. Es wurde in der Einleitung schon angedeutet, daß zumindest die Astrologie, von der in diesem Buch die Rede ist, ihren »Sitz im Leben« – und damit ihre Evidenz – in der Selbsterfahrung des Menschen hat, heute auch in der tiefenpsychologischen Praxis. Von dort her hat sie auch hier und da schon als ein zusätzliches Hilfsmittel der Diagnose Eingang in die medizinische und psychologische Beratung gefunden. Der Grund, das nicht allzu publik zu machen, liegt wohl hauptsächlich darin, daß sich für die Astrologie keine »wissenschaftlichen« Erklärungen geben lassen und darum jeder, der sich ihrer bedient, Gefahr läuft, ins Zwielicht zu geraten. C. G. Jung fiel deswegen nicht unter dieses Verdikt, weil er astrologische Aussagen zunächst lediglich als Projektionen seelischer Inhalte – der »Archetypen« – verstand. Erst später drängten ihn seine Beobachtungen dazu, in der Astrologie den Ausdruck eines weitergehenden Wirklichkeitsbezuges anzuerkennen und von einer »Synchronizität« zwischen seelischen Gegebenheiten und kosmischen Konstellationen zu sprechen: »Ich fand nämlich zuerst, daß es psychologische Parallelerscheinungen gibt, die sich kausal schlechterdings nicht aufeinander beziehen lassen, sondern in einem andern Geschehenszusammenhang stehen müssen. Dieser Zusammenhang erschien mir wesentlich in der Tatsache der relativen Gleichzeitigkeit gegeben, daher der Ausdruck ›synchronistisch‹. Es scheint nämlich, als ob die Zeit nichts weniger als ein Abstraktum, sondern vielmehr ein konkretes Kontinuum sei, welches Qualitäten oder Grundbedingungen enthält, die sich in relativer Gleichzeitigkeit an verschiedenen Orten in kausal nicht zu erklärendem Parallelismus manifestieren können, wie z. B. in Fällen von gleichzeitigem Erscheinen von identischen Gedanken, Symbolen oder psychischen Zuständen.«[86]

Es liegt heute durchaus auch in der Konsequenz naturwissenschaftlicher Forschung, den ganzen Kosmos als eine Einheitswirklichkeit zu verstehen, und gerade Naturwissenschaftler von Rang sind davon überzeugt, daß alle Kontinuität des Raumes wie der Zeit »weder materiell noch energetisch, sondern, in der Grundbedeutung des Wortes, zutiefst semantisch ist.«[87] Im Großen und Ganzen ist das Bewußtsein unserer Zeit freilich von den Kategorien eines naturwissenschaftlichen Positivismus geprägt, nach denen Kausalität – und darum auch die Wirk-lichkeit der Planeten – eben nur materiell und energetisch begriffen werden kann: nach einem Vorstellungsmodell, das wenn nicht an Strahlen, so doch an Signalen, an elektromagnetischen Spannungsfeldern mit bestimmten »Informationsgehalten« orientiert ist. An solchen Vorstellungen orientierte Versuche, Astrologie verständlich zu machen (oder ad absurdum zu führen), bleiben im Horizont der Frage nach instrumental-ursächlichen Zusammenhängen, deren Begrenztheit uns oben Seite 10f. schon an einem Beispiel aus dem Bereich der Musik deutlich wurde. Gegenstand der Astrologie ist nicht die materielle und energetische Wirkung des Planetenhimmels, sondern seine Bildwirklichkeit in ihrer semantischen Bedeutung.

Dieser Unterschied der Fragestellung ist vielen Zeitgenossen heute freilich kaum bewußt. Er ist jedoch nicht nur für das Verständnis der Astrologie von entscheidender Bedeutung, sondern überall da, wo Wirklichkeit wesentlich als gestaltete wirksam wird, wo Wirk-lichkeit wesentlich Ausdruck, Aussage ist. Das gilt vor allem für die Wirklichkeit menschlicher Sprache, deren überindividuelle Kontinuität, aufgrund der sie in verschiedenen Menschen entsprechende Wirkungen (Vorstellungen, Gefühlsregungen u. ä.) hervorruft, letztlich ebenfalls nicht ergründet werden kann. Wenn Sprache heute von einer kritisch-objektivierenden Linguistik nach Art von Morse-Signalen begriffen wird, ist ihre Gestalt zweifellos gleich-gültig geworden, aber auch ihre Dynamik aus dem Auge verloren, ihre Wirklichkeit nur noch beschränkt erfaßt. Vor diesem Hintergrund ist zu verstehen, wenn das Horoskop ein Meditationsbild genannt wurde:

Die Astrologie geht intuitiv vor – nach den Gesetzen assoziativer Logik, die vor allem im überindividuellen Medium des Mythos ihre objektive Ausdrucksform gefunden haben.

Wenn ein Horoskop nach assoziativer und nicht nach instrumentaler Logik zu interpretieren ist, dann kann nicht die Prognose im Vordergrund stehen, dann kann es vor allem nicht das Ziel der Astrologie sein und liegt es auch nicht in ihren Möglichkeiten, mit immer feineren Methoden zu immer genaueren Berechnungen zu kommen, um immer exaktere Prognosen erstellen zu können. Bei einer dynamischen Betrachtung des Horoskops mögen sich Tendenzen, auch Zeitpunkte besonderer Chancen oder Gefährdungen abzeichnen. Doch sind alle konstatierbaren Einzelelemente in sich gesehen mehrdeutig, und ihre konkrete Manifestation ist von vielen Faktoren abhängig. Rückschauend mag sich dann vielleicht zeigen, daß ein Ereignis, das sich vollzogen hat, seinen aufweisbaren kosmischen Spiegel hat. F. Riemann schreibt daher: »Wir haben andererseits aber auch keine Veranlassung, Prognosen überhaupt abzulehnen: sie haben ihre Berechtigung und ihren Sinn, wenn sie in den Grenzen angewendet werden, die für sie gelten: keine Aussagen, die den Beratenen zum Objekt machen, die ihn nicht als handelndes, wollendes und entscheiden-könnendes Subjekt ansprechen, sondern ihn entmündigen, indem sie ihm Wahl und Eigenverantwortung abnehmen. Dagegen kann die Befragung des Horoskops bei schwerwiegenden Entscheidungen, drohenden Gefährdungen, fälligen Entwicklungsschritten usf. eine echte Hilfe sein – man wird vergleichsweise kein Gras mähen, wenn die Wetterprognose eine längere Regenzeit voraussagt.«[88]

Es ist nicht auszuschließen, daß sich – zumal bei guter Kenntnis der sonstigen Gegebenheiten – aufgrund des Horoskops bestimmte Entwicklungen ablesen lassen, einschließlich bestimmter zeitlicher Markierungen. Auf keinen Fall ist jedoch durch ein solches Kosmogramm festgelegt, welche Auswirkungen diese sich abzeichnenden Entwicklungen konkret im Leben des Horoskopeigners haben werden.

Wer sich in Kreisen umsieht, die mit betont »wissenschaftlichem« Ernst astrologische Prognostik betreiben, wird sehr oft auf Zeichen zwanghafter, unerlöster Abhängigkeit stoßen, wenn bei allem und jedem im Leben zuvor die Sterne befragt werden. Darum ist es heute nicht weniger als in früheren Zeiten angezeigt, grundsätzlich davor zu warnen, nach astrologischen Prognosen Ausschau zu halten. Die Gefahr, abhängig zu werden, ist nur allzu leicht gegeben. Darum ist es auch nötig, auf die Voraussetzungen, Grenzen und Gefahren der Astrologie aus der Sicht der Theologie einzugehen, andererseits aber auch zu fragen, ob nicht die wachsende Verbreitung der Astrologie ein Defizit in der kirchlichen Theologie anzeigt.

*Grundlage christlicher Astrologie:
die All-Herrschaft Christi*

Astrologie setzt voraus, daß in allem Geschehen der Welt ein Sinn waltet, daß die Welt ein nicht nur materielles, sondern mehr noch ein geistiges Kontinuum ist, mag man es nun »beseelt« nennen (und so stärker seine Eigenständigkeit hervorheben) oder »worthaft« (um seine kreatürliche Abhängigkeit zu betonen). Für Christen ergibt sich die Sinnhaftigkeit der Welt aus dem Glauben an das schöpferische Wort Gottes: »Durch das Wort ist alles geworden, und ohne das Wort wurde nichts, was geworden ist« (Joh 1,3). Dieses Wort aber ist niemand anderer als Christus, der »Erstgeborene aller Schöpfung« (Kol 1,15). Er ist der »architectus mundi«, der ursprünglich allem nach Maß und Ziel seine Ordnung gab[89] und so auch dem Menschen seine Grenzen gesetzt hat. Er ist selbst Mensch geworden, um die Möglichkeiten menschlicher Vollendung im Gehorsam gegenüber den vorgegebenen Grenzen vorzuzeichnen. Er ist der »Erstgeborene von den Toten« (Kol 1,18), von dem her der »Kosmos« zur Neuen Schöpfung wird. Er ist als Pantokrator eingesetzt, in dem alle Kräfte, die sich einer Versöhnung widersetzen und die Schöpfung sich selbst entfremden, überwunden sind. Es ist für das Selbstverständnis des Christen in der Welt entscheidend, diesen kosmischen Aspekt des christlichen Glaubens nicht aus dem Auge zu verlieren: »Der Erlöser des Menschen, Jesus Christus, ist die Mitte des Kosmos und der Geschichte.«[90] In der Heiligen Schrift hat dieser Aspekt vor allem in den Christus-Hymnen des Kolosser- und des Epheserbriefes seinen Ausdruck gefunden. Auf sie sei darum hier etwas näher eingegangen.

Beginnen wir mit dem Hymnus kosmischer Christologie im *Kolosserbrief (1,15–20)*. Will man ihn nicht von vornherein mißverstehen, ist zweierlei zu beachten:

1. Es handelt sich um hymnische Lobpreisung, nicht um Lehrsätze. Man wird deshalb aus ihm nicht so schnell die Intention herauslesen dürfen, eine Allversöhnung zu lehren.

2. Es ist damit zu rechnen, daß der Hymnus dem Autor des Briefes vorgegeben war, daß dieser jedoch durch interpretierende Zusätze wichtige Korrekturen angebracht hat. Sie sind im folgenden Text in Klammern gesetzt[91]. Auf Einzelheiten kann hier freilich nicht näher eingegangen werden.

Vorausgehend ist die Rede vom Reich des geliebten Sohnes Gottes. Auf ihn, d. h. auf Christus, bezieht sich der Hymnus:

Er ist Bild des unsichtbaren Gottes, Erstgeborener aller Schöpfung;
denn in ihm wurde alles geschaffen im Himmel und auf der Erde, das Sichtbare und das Unsichtbare (Throne, Herrschaften, Fürsten, Gewalten);
alles ist durch ihn und auf ihn hin geschaffen.
Und er ist vor allem, und alles findet in ihm seinen Zusammenhalt,
und er ist das Haupt des Leibes (der Kirche).

Er ist der Anfang, Erstgeborener von den Toten,
(damit in allem er Erster werde);
denn es gefiel aller Fülle, in ihm Wohnung zu nehmen und durch ihn alles zu versöhnen auf ihn hin,
Frieden schaffend (durch das Blut seines Kreuzes, durch ihn)
sei es auf der Erde, sei es im Himmel.

Wichtig ist zunächst das im Hymnus vorgegebene Bild des Leibes, mit dem der ganze Kosmos als Einheit gefaßt wird. Diese Einheit ist freilich nicht etwas dem Menschen Selbstverständliches. Erst recht weiß der Mensch nicht von sich aus, wie sich die Elemente der Welt ihm gegenüber verhalten. Beides – das ist der Grund des hymnischen Lobpreises – ist offenbar geworden in der Person Jesu

Christi: Durch ihn wird Gott in seiner Schöpfung erkennbar als ein Gott, der sich liebend dem Menschen zuneigt. Christus ist der »Ort«, in dem die Welt des Menschen gründet. Der »Erstgeborene aller Schöpfung« ist zugleich aber auch der »Erstgeborene von den Toten« (Kol 1,18; vgl. Röm 8,29; 1 Kor 15,20; Offb 1,5), in dem alle Fülle Gottes wohnt: Ihm sind alle Mächte untertan, so daß der Mensch nicht zu fürchten braucht, ihrer Gewalt ausgeliefert zu sein. Das wollte der Briefschreiber durch seine zusätzliche Aufzählung der Mächte und Gewalten offenbar noch unterstreichen. Gleichzeitig bringt er nun aber am Bild vom »Leib« eine kritische Korrektur an: Christus ist zwar Herr über alle Mächte, sein »Leib« aber ist noch nicht die Welt, sondern die Kirche, eine geschichtliche Größe, die alle die und nur die umfaßt, die seine Herrschaft auch anerkennen.

Dem korrespondiert eine weitere Korrektur, der nachhinkende Zusatz »durch das Blut seines Kreuzes« als Grund der Versöhnung: Versöhnte Existenz, integriertes Dasein gründet im Kreuzestod Christi. Aber so sehr die versöhnte Existenz Christus zu verdanken ist, so wenig ist sie dem Menschen von vornherein in Vollendung gegeben. Die Welt ist in Christus instand gesetzt und eingeladen, sich vollenden zu lassen. In ihm sind die Wege vorgezeichnet und auf das Ziel hin ausgerichtet. Versöhnung auf dieses Ziel hin aber heißt, daß es für jeden gleichsam einen individuellen Plan der göttlichen Liebe gibt, dem alle Mächte und Gewalten unterworfen sind.

Aus dem Hymnus im *Epheserbrief (1,3–14)* sei nur ein kurzer Abschnitt hier zitiert:

Gepriesen sei Gott, der Vater unseres Herrn Jesus Christus (1,3) . . .
der uns das Geheimnis seines Willens kundgetan hat,

wie er es im voraus gnädig bestimmt hatte in ihm
zur Ordnung der Fülle der Zeiten:
in Christus als dem Haupt alles zusammenzufassen,
was in den Himmeln und was auf der Erde ist (1,9f).

Von einer »Ordnung der Fülle der Zeiten« ist die Rede.
Der griechische Text spricht nicht von der ewig dahinflie-
ßenden Zeit (»chronos«), sondern von »kairoi«, von den
Perioden der Geschichte mit ihren hier und heute zu er-
greifenden Möglichkeiten und Anforderungen eines er-
füllten Daseins, die sich aber auch überleben und anderen
Zeiten weichen. Dem aber liegt eine Ordnung zugrunde,
eine »Ökonomie«, wie es im Griechischen heißt, und diese
Ökonomie gründet in Christus. In ihm ist alle Geschichte
durchschaubar geworden; denn in ihm ist das Geheimnis
der göttlichen Gnade offenbar geworden, das für alle Zeiten bestimmend ist; er ist das beherrschende »Prinzip«,
dem alles im Himmel und auf Erden untersteht. Um es im
Bilde der Niederaltaicher Horoskopdarstellung zu sagen:
Alles hat in der in Christus gründenden Ökonomie des
ewigen Heilsplanes Gottes seinen »Rahmen«: In diesem
Rahmen spielt sich das Leben des Menschen ab, diesen
Rahmen kann auch alles Treiben von Mächten und Gewalten nicht überschreiten, so willkürlich und furchterre-
gend es für den Menschen auch sein mag. Diese Aussage
des Glaubens gilt auch dann noch, wenn sich das menschliche Bewußtsein zeitlich und räumlich ins scheinbar
Unendliche weitet. Wie immer das Weltbild sich wandelt,
»in Christus« bleibt es sinnvoll, von einer »Ökonomie«,
von einem göttlichen Plan der Geschichte zu sprechen, in
dem die konkreten Lebensmöglichkeiten für den einzelnen vorgezeichnet sind, dessen Aufgabe es bleibt, diese zu
finden und zu verwirklichen. Nur wenn Astrologie letztlich darauf hinweist, ist sie christlich. Christliche Astrolo-

gie muß immer hingeordnet bleiben auf die Anerkennung der Herrschaft Christi, auf den dankbaren Lobpreis und die gelebte Hoffnung. Mit Recht hat die Kirche immer betont, daß eine Astrologie, die »ängstlich auf Tage, Monate, bestimmte Zeiten und Jahre« (Gal 4,10) achtet, mit dem christlichen Glauben unvereinbar ist. Christliche Astrologie beruht nicht auf dem vagen Gefühl des Menschen, in eine kosmische All-Einheit verwoben zu sein. Christliche Astrologie gründet in kosmischer Christologie. Und der Schlüssel zum Verständnis kosmischer Christologie ist – wie der Verfasser des Kolosserbriefes bei seiner Überarbeitung des Christus-Hymnus Kol 1,20 hervorhebt – das Kreuz Christi.

Christliche Astrologie gründet in der universalen Herrschaft des Wortes Gottes, die in Christus, dem Gekreuzigten, offenbar geworden ist.
Sein Kreuz ist
- *das Zeichen der Liebe Gottes und der Befreiung des Menschen aus der Gewalt kosmischer Unheilsmächte (Dämonen);*
- *das Zeichen des Heiles »allein aus Glauben« (Röm 1,17): das Zeichen, an dem sich die Geister scheiden;*
- *das Zeichen der Versöhnung und der Verwandlung der Kräfte, die miteinander in Feindschaft lebten – im Makrokosmos wie im Mikrokosmos.*

Das christliche Evangelium ist wesentlich Frohe Botschaft von der Liebe Gottes. Der Glaube an die bergende Macht dieser Liebe bedeutet die Überwindung der Furcht vor den Mächten, die sich als Götter gebärden, in Wirklichkeit aber keine sind (Gal 4,8). Angst ist darum immer ein Zeichen mangelnden Glaubens. Das Gleiche gilt für jede Astrologie, die aus Angst betrieben wird.

Wer als Christ ängstlich auf die Zukunft schaut und sich der Astrologie bedient, um sich über die Zukunft Sicherheit zu verschaffen, ist in der Gefahr, nicht mehr auf den Geist des Sohnes Gottes in seinem Herzen zu hören, der ihn lehrt, vertrauensvoll »Abba, Vater« zu rufen (vgl. Gal 4,6) – ganz gleich, was auf ihn zukommen mag.

Die Frohe Botschaft von der Liebe Gottes ist eine Einladung, die Angst durch Vertrauen zu überwinden. Darum ist das »Wort vom Kreuz« (1 Kor 1,18) die Kritik an jeder kosmischen Heilslehre, die das Heil des Menschen an die Auflage bindet, aus sich selbst heraus die Kraft aufzubringen, allein auf dem Wege meditativen Sich-Verlierens oder ethischer Vervollkommnung die Gefangenschaft des Menschen und seine Entfremdung durch die Mächte dieser Welt zu überwinden: »Die Juden fordern Zeichen, die Griechen suchen Weisheit. Wir dagegen verkündigen Christus als Gekreuzigten: für Juden ein Anstoß, für Heiden eine Torheit, für die Berufenen aber, Juden wie Griechen, Christus, Gottes Kraft und Gottes Weisheit« (1 Kor 1,22–24).

Exkurs V: Astrologie und Reinkarnationslehre

Wo Astrologie als esoterische Astrosophie verstanden wird, ist sie zumeist – wohl auch schon in den gnostischen Vorläufern solcher pansophischer Weisheit – mit einer Reinkarnations- oder Seelenwanderungslehre verbunden. So heißt es in der »Astrosophie« von A. Schult: »Die esoterische Astrologie anerkennt als geistige Grundlage für das Horoskop die bedingte Wirksamkeit von Karma und Reinkarnation, so wie sie im Urchristentum bis zu den Zeiten des großen Kirchenvaters Origenes anerkannt wurde. Wer in der Schicksalsfrage nicht auf jede Rechtfer-

119

tigung Gottes verzichten will, wird die Lehre von Reinkarnation und Karma ernst nehmen müssen. Sie allein gibt dem Kosmosophen die wahrhafte Erklärung für die Tatsachen des Horoskopes und der Astrologie. Die westliche Astrologie hat im Gegensatz zur indischen Astrologie die karmisch-kosmisch-astralen Zusammenhänge aus den Augen verloren und wirkt oberflächlich im Vergleich zur indischen. Das Horoskop spiegelt den vorgeburtlichen Durchgang der Persönlichkeit durch die astralen kosmischen Sphären, und darüber hinaus enthält es auch symbolische Hinweise auf das vorangegangene Erdenleben. Auch die Astrologie gewinnt ihre wahren Erklärungsgründe erst wieder, wenn sie die Lehre von den wiederholten Erdenleben anerkennt. Die Inkarnation auf der Erde erfolgt in dem Augenblick, wo die kosmische Sphärenharmonie das Wesen des sich inkarnierenden Menschen am reinsten zum Ausdruck bringt.«[92]

Christlicher Glaube, der am Wort Gottes orientiert ist, das in Jesus von Nazaret Fleisch angenommen hat, kennt solche Seelenwanderungslehre nicht; er betont die leibseelische Einheit und damit zugleich die geschichtliche Einmaligkeit eines jeden Menschen. Wenn A. Schult schreibt, daß die Lehre von einer Reinkarnation »im Urchristentum bis zu den Zeiten des großen Kirchenvaters Origenes anerkannt wurde«, dann muß er dafür den Beweis schuldig bleiben. Wohl hatte sich die Kirche mit einzelnen Strömungen esoterischer Gnosis auseinanderzusetzen, die sich selbst als christlich verstanden, und sie hat sich von ihnen abgesetzt. Andererseits ist es in jedem Fall wichtig, genau herauszustellen, wovon sich die Kirche distanziert hat. Dabei bleibt es immer noch eine eigene Frage, ob sie ihre Gegner auch richtig interpretiert hat.

In unserem Zusammenhang ist einmal auf die Provinzialsynode von Konstantinopel zu verweisen, die im Jahre 543 gegen die Origenisten – Anhänger des Origenes († um 254) – beschloß:

»Wer sagt oder daran festhält, die Menschenseelen hätten ein Vorleben gehabt, d. h. sie seien zuvor Geister und heilige Gewalten gewesen, sie seien aber der göttlichen Anschauung satt geworden, hätten sich dem Bösen zugewandt, seien deswegen in der Liebe Gottes erkaltet, hätten so den Namen ›Seelen‹ (= die Kalten) bekommen und seien zur Strafe dafür in die Körper gebannt worden, der sei ausgeschlossen«.[93]

In der westlichen Kirche beschloß wenige Jahre später, im Jahr 561, die Kirchenversammlung zu Braga (Portugal) gegen die Anhänger des Priszillian († 385):

»Wer glaubt, die Menschenseelen und Engel beständen aus Gottes Substanz, wie Manichäus und Priszillian sagen, der sei ausgeschlossen.

Wer sagt, die Menschenseelen hätten zuvor in der himmlischen Wohnung gesündigt und seien dafür in menschliche Körper auf die Erde hinabgestoßen worden, wie Priszillian lehrt, der sei ausgeschlossen.«[94]

Beide Kirchenversammlungen sagen also: Es ist mit dem christlichen Glauben nicht vereinbar, die Seele des Menschen als eine göttliche Kraft zu betrachten, die schon vor ihrer Verbindung mit dem Körper existiert hat, in diesem Körper aber lediglich einen Ort der Strafe, der Verbannung und Läuterung für die Seele zu sehen, nachdem sie von ihrer ursprünglichen Höhe herabgefallen ist. Man mag die hier abgelehnte Vorstellung als »Seelenwanderung« bezeichnen, von einer Folge von »Wiedergeburten« und »wiederholten Erdenleben« ist jedoch nicht die Rede, und so ist sie wohl auch nicht ohne weiteres ein Beweis dafür, daß in der frühen Kirche – wenn auch nur von einzelnen – eine Reinkarnationslehre vertreten worden ist. Wohl aber war die Seelenwanderungslehre der Origenisten und

Priszillianer offenbar mit astrologischen Vorstellungen verbunden.[95]

Zum Beweis der Reinkarnationslehre wird immer wieder auf Phänomene hingewiesen (Kenntnisse von Sachverhalten, Personen und Sprachen), die nur als Erinnerung an frühere Existenzen erklärbar seien. Es sei nicht bestritten, daß solche Phänomene vorkommen und daß wir für sie ebensowenig eine »natürliche« Erklärung haben wie für andere parapsychologische Phänomene. Es ist hier nicht der Ort, näher darauf einzugehen. Doch ist nicht zu übersehen, daß die »Beweise« zwar vorgebracht werden, um die Reinkarnations-Lehre zu stützen, daß diese in der Beweiskette aber nicht das Ergebnis einer Analyse der genannten Phänomene ist. Von den Beweisen müssen die eigentlichen Gründe für die Reinkarnationslehre unterschieden werden. Sie allein sind für uns von Interesse.

Daß die Reinkarnationslehre auch in unserem Raum heute immer mehr Verbreitung findet, hat letztlich wohl einen doppelten Grund: Einmal das Problem, wie die leidvolle Erfahrung der Begrenztheit menschlichen Lebens mit der Unendlichkeit des göttlichen Geistes in Einklang zu bringen ist. Dazu das Erschrecken davor – angesichts auch des eigenen Todes –, daß von den sehr bedingten Entscheidungen in der Enge eines einzigen Lebens ewige Seligkeit oder Verdammnis abhängen sollen.

Der christliche Glaube ist sich mit allen Konsequenzen dessen bewußt, daß er das Heil der Welt an ein geschichtlich einmaliges Datum knüpft: Die Todesstunde des menschgewordenen Wortes Gottes wird zur einzigartigen »Sternstunde« der ganzen Schöpfung, zum Orientierungspunkt für jedes menschliche Leben: »Wie dem Menschen bestimmt ist, ein einziges Mal zu sterben, und dann das Gericht folgt, so wurde auch Christus ein einziges Mal geopfert, um die Sünden vieler hinwegzunehmen; ein zweites Mal wird er ohne Sünde erscheinen, denen zum Heil, die ihn erwarten« (Hebr 9,27f).

Die Menschwerdung des Wortes Gottes ist das Urbild jedes menschlichen Lebens. In ihr wird deutlich, daß gerade die göttliche Unendlichkeit es ist, die einer zeitlich und örtlich begrenzten Geschichte ihre unaufhebbare Endgültigkeit verleiht. Die Vollendung der Menschwerdung des Wortes Gottes in Kreuz und Auferstehung macht aber auch deutlich, daß jede geschichtliche Entscheidung gerade in und wegen ihrer Begrenzung umfangen ist von der Liebe Gottes, des Vaters. So hat jeder Mensch einerseits nur ihm eigene Möglichkeiten der Vollendung, und andererseits steht er auch über seinen Tod hinaus im Prozeß der Läuterung seiner Entscheidungen. Wie sich dieser Prozeß vollzieht, bleibt uns verborgen. Doch der christliche Glaube bekennt und vertraut darauf, daß gerade die Hingabe des menschgewordenen Gottessohnes am Kreuz – so sehr sie einerseits Urbild jeder menschlichen Entscheidung ist – andererseits doch auch der Grund dafür ist, daß das im menschlichen Leben noch nicht Ausgereifte, daß selbst die Sünde nicht in den Himmel wächst. Das göttliche Gericht ist zuallererst aufrichtendes Erbarmen und nur in der Ehrfurcht der Liebe gegenüber der Freiheit des Menschen möglicherweise auch endgültige Verurteilung.

Darum ist der demütig-vertrauende Gehorsam die Weisheit des Glaubens. Darum kann der gläubige Christ in seiner Begrenztheit aber auch getrost darauf verzichten, das Geheimnis der Unendlichkeit Gottes im Raum und Zeit zu erklären. Reinkarnationsvorstellungen haben für sein Leben keine Bedeutung. Das ist wohl auch der Grund dafür, daß sich christliche Theologie niemals ernsthaft damit auseinandergesetzt hat. Ihr genügt die Gewißheit: Es ist das Geheimnis der göttlichen Liebe, das es möglich macht, den vorgezeichneten Lebensweg ohne Furcht zu gehen.

Der Weg des Menschen zu Gott – der Weg der »Läuterung«, der »Integration«, »nach oben« –, für den sich im Horoskop Bedingungen, Grenzen und Möglichkeiten abzeichnen, vollzieht sich nach christlichem Verständnis nicht in einer Folge verschiedener Erdenleben. Durch die Menschwerdung des Wortes Gottes ist vielmehr die Welt des Menschen in ihrer geschichtlichen Begrenzung von Raum und Zeit zum Ort ewig gültiger Entscheidungen geworden. Kreuz und Auferstehung Jesu machen offenbar, daß der Mensch gerade in seiner Geschichtlichkeit Partner der unauslotbaren Liebe Gottes ist. Dieser Liebe zu vertrauen, ist die Summe christlicher »Weisheit«.

Eine vergessene Perspektive: das Kreuz – Zeichen versöhnter Einheit

Das »Wort vom Kreuz« ist die Botschaft von der Befreiung des Menschen und darum das eigentliche Kriterium christlicher Astrologie. Das »Wort vom Kreuz« relativiert darum auch die Bedeutung der Astrologie: Sie kann eine Hilfe sein; aber sie kann auch zur Gefahr werden. Notwendig zum Heil ist sie jedenfalls nicht. Wenn die Astrologie trotzdem auch im Raum des Christentums immer wieder ihren Platz behauptet, ist das wohl nicht zuletzt ein verborgener Protest gegen eine kritisch-distanzierte Objektivierung der christlichen Glaubenswahrheiten, wie sie durch die Theologie der Scholastik mit ihrem Schritt »vom Symbol zur Dialektik« (H. de Lubac) eingeleitet worden ist. Die Astrologie hatte zwar den gleichen Weg ins Abendland genommen wie die philosophischen Grundlagen der Scholastik. Ihre Blütezeit hatte sie in der Kirche jedoch zur Zeit der Renaissance: Die »theologia negativa« der Humanisten hatte im bewußten Protest gegen die Scholastik darauf verzichtet, Wahrheiten des Glaubens als einen bis ins letzte erforschten Gegenstand zu betrachten, und so der Überzeugung Ausdruck gegeben, daß der Mensch immer nur zur Wahrheit unterwegs sein kann, daß er aber nur dann zur Wahrheit unterwegs ist, wenn er es mit dem Herzen ist.

Theologie nicht als quaestio, als kritisch-distanzierte Erforschung der Wahrheit, sondern als lectio, als induktive Betrachtung, als Bemühen um die Übereinstimmung des Herzens mit dem Urbild, das war, bevor sich die Scholastik durchsetzte, die gestaltende Kraft der romanischen Frühzeit des werdenden Abendlandes und ihrer Formenwelt. Hier wurde die Erlösung nicht nur als Grundlage ethischer Verpflichtung wirksam, sondern als ein Drama erfahren: In den Plastiken und Fresken der Kirchen, in der ikonographischen Ausschmückung der Evangeliare und in der Gestaltung liturgischer Gebrauchsgegenstände begegnen wir hier einer unübersehbaren Fülle mythischer Phantasiegestalten, Dämonen und Fabelwesen. Mit ihrer Hilfe wurde die Heilsgeschichte so dargestellt, daß der Betrachter mit seinen Erfahrungen in das kosmische Ringen der göttlichen mit den dämonischen Kräften miteinbezogen ist. So wurde der Kosmos im Menschen mit seinen beängstigenden Trieben und Leidenschaften nicht verdrängt, sondern sichtbar gemacht – gerade auch insofern er durch die Unordnung der Triebe und Leidenschaften unmenschlich geworden und dem Tode verfallen ist. Und es wurde deutlich, daß die Liebe als das Kennzeichen wahren Menschseins nicht verdrängte, sondern geordnete und verwandelte Leidenschaft ist. Diese Neuordnung des menschlichen Kosmos ist für den Glauben dadurch Wirklichkeit geworden, daß das Kreuz Christi, das Bild des Neuen Menschen, auf Golgota errichtet worden ist, über dem Grab Adams – wie die altkirchliche Tradition es wußte –, und damit in dieses Grab, in das Herz der Erde und eines jeden Erdgeborenen eingepflanzt ist, damit der Ort, an dem der Tod herrscht, zum Schoß neuen Lebens werde. Der einzelne hat im Ansturm der dämonischen Angriffe dadurch Bestand, daß er in die erlöste Mitte der Welt hineinverwurzelt ist. Das kommt in den romanischen Darstellungen dadurch zum Ausdruck, daß die einzelne Gestalt immer in ihrem kosmischen Existenzgrund verwurzelt bleibt.[96]

In der Scholastik und mehr noch in der nachreformatorischen und nachtridentinischen Theologie verloren die Glaubenswahrheiten ihren Bezug zur Erfahrung des Herzens; sie wurden zu »Artikeln«, die für wahr zu halten sind. Die Bildung des Herzens, die geistliche Kunst der »Unterscheidung der Geister« im Alltag der Welt, die Suche nach der Erkenntnis Gottes und der Vereinigung mit ihm wurde mehr und mehr zu einem von der Theologie isolierten Bereich – unter oft allzu legalistischer Kontrolle. Und so ging das suchende Herz sehr oft seine eigenen – esoterischen – Wege. Hier bot sich die Astrologie an, und hier ist auch der Grund, warum sie so oft mit der Alchemie verschwistert erscheint.

Ziel der Alchemie ist nicht, Gold als materiellen Reichtum zu gewinnen, sondern in der Erforschung des kosmischen Geheimnisses selbst zu Gold zu werden. Dieses kosmische Geheimnis ist das Eine, in dem alle Gegensätze ihre ursprüngliche Einheit haben, die prima materia, die alle vier Elemente belebt, aus deren jeweils verschiedener Mischung die Welt in ihrer unterschiedlichen Vielfalt existiert. Wer dieses fünfte Element, die quinta essentia (»Quintessenz«) herausdestillieren kann, der hat den

»Stein der Weisen«, den Katalysator, um das Gold von aller unedlen Vermischung zu befreien. Am Anfang steht die Vernichtung der konkreten Gestalt der Unvollkommenheit. Das geschieht in dem kosmischen Ofen oder durch eine bestimmte Lösung. Der Stein der Weisen bewirkt im weiteren Läuterungsprozeß, was er selber ist: die heilige Hochzeit aller Gegensätze, in der die strahlende Einheit neuen Lebens zur Auferstehung gelangt. Die »Chymische Hochzeit Christiani Rosenkreutz anno 1459« des Johann Valentin Andreae läßt diesen Vorgang schon im Titel anklingen. Dieses – erstmals 1616 in Straßburg erschienene – Buch hat einen großen Anteil an der Entwicklung der pansophischen Weisheit in der Neuzeit.

Offenbarungsglaube dagegen ist wesentlich Gehorsam, Orientierung am Wort Gottes als Wegweisung. Dieses Wort Gottes wurde seit den alttestamentlichen Propheten immer auch als Kritik an aller Religiosität verstanden, die ihre Vorstellungen den Bildern vom Werden und Vergehen des Lebens in der Natur entnimmt, so faszinierend sie auch sein mögen. Und die Predigt der Propheten lebt in der christlichen Verkündigung fort. Zugleich aber ist durch die christliche Verkündigung die Predigt der Propheten des Alten Bundes überholt. Christlicher Glaube bekennt sich zur Menschwerdung des Wortes Gottes, zu seiner Bildwerdung in (mikro-)kosmischer Gestalt. Darum ist christlicher Glaube nicht nur Wegweisung, sondern auch Verwandlung, nicht nur Lehre in kritischer Distanziertheit, sondern auch Leben in versöhnter Einheit, bei aller Kritik an kosmischer Religiosität ein Prozeß der Wiedergeburt zu einer Neuen Schöpfung.

Immer dann, wenn dieser kosmische Aspekt nicht gelebt wurde, wenn christliche Verkündigung sich darauf beschränkte, in Anknüpfung an die Predigt der alttestamentlichen Propheten das Gewissen der Menschen aufzurütteln, zu kritischem Bewußtsein zu erziehen und ethische Impulse zu geben, zeigte sich solche Verkündigung verbunden mit einem Argwohn gegenüber dem Bild und galt ihr Astrologie als Aberglaube. Astrologiefeindlichkeit ist letztlich wohl eine zugespitzte Bilderfeindlichkeit; in beiden kommt ein Mißtrauen gegenüber den kosmischen Mächten und den menschlichen Leidenschaften zum Ausdruck, das zumeist ebenso ängstlich und unerlöst ist wie die von Paulus angeprangerte Form der Abhängigkeit von ihnen. Ziel des christlichen Weges ist das Leben in der in Christus vorgezeichneten Einheit von Logos und Kosmos: die Verwandlung, die Neugestaltung des Kosmos durch den Logos. Der Ort dieser Neugestaltung ist der Mensch: seine Wiedergeburt im Heiligen Geist.

Darum ist die Einstellung zum Bild für den christlichen Glauben nicht gleich-gültig.[97] Die alte Kirche zumindest des Ostens, in deren Raum die frühkirchlichen christologischen Auseinandersetzungen und die ersten Ökumenischen Konzilien stattfanden, hat die Klärung der Bilderfrage im 7. Ökumenischen Konzil (787 in Nikaia) als Vollendung und Höhepunkt (»Akmé«) der christlichen Grundlagen-Theologie verstanden. Deshalb nennt sich die orthodoxe Kirche bis heute die »Kirche der heiligen Väter und der sieben Ökumenischen Konzilien«, und sie ist in Wahrung dieses Erbes streng darauf bedacht, in ihrer Liturgie immer die Einheit von Kosmos und Logos zum Ausdruck zu bringen: Das Wort wird im Gesang oder in der Ikone zur kosmischen Epiphanie; aber für diese Epiphanie ist es entscheidend, daß sie nicht zum wild wuchernden Ausdruck unerlöster Leidenschaften wird, daß sie nicht das Bild Pygmalions, ein Bild projizierter – oder auch »kreativer« – Selbstaussage des Menschen ist, in dem der Mensch im Grunde sich selbst anbetet und das darum weiterhin mit Recht unter das Verdikt des 1. Gebotes fällt.

Das eindeutige, das erlösende Wort ist für die Epiphanie konstitutiv: Die Ikone bedarf der Beschriftung, und musikalisch gibt es nur den Gesang, keine Instrumente. Auch die für den gesamten byzantinischen Kirchenbau schlechthin beispielgebende Kirche der Hagia Sophia von Konstantinopel gibt in großartiger Synthese beiden Elementen Raum. Mit ihrer wohldurchdachten Zahlensymbolik, mit ihrer Vierung und der sich darüber wölbenden Kuppel ist sie ein Bild des ganzen Kosmos.[98] Das sich dadurch ziehende Langhaus aber unterscheidet sie wesentlich vom heidnischen Pantheon: Es mahnt den Gläubigen daran, daß er noch unterwegs ist.

Nicht jeder hat zu jedem Bild in gleicher Weise einen Zugang. Doch kann das Horoskop dem Christen zum Bild dafür werden, daß er noch unterwegs ist, daß er aber auf diesem seinem Weg nicht aus sich selbst und den ihm gesetzten Grenzen ausziehen kann, daß er vielmehr einen Weg der Verwandlung zu gehen hat, auf dem die Mächte in ihm, die Leidenschaften, die ihn sich selbst entfremden, zur Versöhnung kommen müssen, indem sie sich so der Herrschaft des Wortes Gottes unterwerfen, daß der Sohn Gottes im Menschen – und durch ihn im ganzen Kosmos – Gestalt gewinnt.

Kirchliche Glaubensverkündigung kann und muß gegenüber pansophischer Astrologie auf das »Wort vom Kreuz« (1 Kor 1,18) verweisen. Doch hat die kirchliche Theologie wohl zu wenig zur Geltung gebracht, daß das Kreuz Christi nicht nur als das geschichtlich bedingte Werkzeug seines ein für allemal geschehenen Todes die Ursache unserer Erlösung anzeigt, sondern in seiner Gestalt auch das Heil darstellt, das durch diesen Tod gewirkt ist: Es ist das Zeichen der kosmischen Versöhnung (vgl. Eph 2,14 ff) des einzelnen Menschen wie des Alls.

Schon im »Martyrium des Andreas« aus dem 2. Jahrhundert n. Chr. heißt es: »Ich kenne dein Geheimnis, du Kreuz, warum du errichtet bist. Denn du bist errichtet in der Welt, das Unstete fest zu machen. Und du reichst bis in den Himmel, um das wahre Sein des Menschen anzuzeigen. Du bist ausgebreitet zur Rechten und zur Linken, die furchtbare und feindliche Macht zur Umkehr zu bringen und die Welt in Eins zu versammeln. Du bist in die Erde festgefügt, damit du das, was in die Erde reicht und in der Tiefe ist, mit dem Himmel verbindest. Du Wort vom Kreuz, das das Weltall umschließt. Heil dir, du Kreuz, daß du die Weite des Kosmos umfängst. Heil dir, du Gestalt der Einheit, die du dem Ungestalteten Gestalt gibst.«[99]

Das Kreuz, das das Weltall umschließt, das die Weite (»periphereion«) des Kosmos umfängt, Gestalt der Einheit, die dem Ungestalteten (»amorphon«) Gestalt gibt: Damit ist das Kreuz in seiner kosmischen Symbolik erfaßt. Das Kreuz ist das Ursymbol aller Geometrie, aller Raumerfassung. Es entsteht dadurch, daß Lot und Waagerechte zueinander im »rechten« Winkel stehen. Das Kreuz ist somit die Grundlage der Euklidischen Geometrie, die Voraussetzung dafür, einen einzelnen Punkt bestimmen und festmachen zu können: dort, wo sich zwischen oben und unten, rechts und links die Koordinaten »kreuzen«. So ist dem Kreuz die Zahl 4 zugeordnet (deren Zeichen eine Verbindung von Kreuz und rechtem Winkel ist)[100], und wir sahen schon in der Darstellung des mittelalterlichen Welt-Bildes, daß durch das Kreuz die 4 Elemente, die 4 Himmelsrichtungen, die 4 Jahreszeiten ihre Zuordnung erfahren. Auch der Mensch, der aufgerichtet ist und seine Arme ausbreitet – beides Zeichen seiner Würde und Freiheit –, hat die Gestalt eines Kreuzes, während durch die Sünde diese Gestalt zerstört wird: Sie ist Aussonderung aus der kreatürlichen Bezogenheit, aus dem kosmischen Bezugssystem, Verkrümmung in sich selbst hinein (»incurvatio in seipsum«), durch die sich der Vereinzelte als ein Punkt außerhalb des Koordinatensystems in der Unendlichkeit verliert.

Sieben Thesen

Einige markante Sätze dieses Kapitels »Astrologie – christlich« wurden durch Kursivdruck hervorgehoben. Sie seien hier noch einmal zusammengestellt.

1. Ein Horoskop hat seinen Wert als Meditationsbild

Ein Horoskop hat seinen Wert als Meditationsbild. Es kann dem Horoskopeigner helfen, sich selbst besser zu begreifen und so innerhalb der vorgegebenen Grenzen die ureigensten Möglichkeiten zu erkennen, wie auch die Schwierigkeiten, die es aufgrund dieser Grenzen zu bewältigen gilt.

2. Die Deutung erfolgt nach Gesetzen assoziativer Logik

Die Astrologie geht intuitiv vor – nach den Gesetzen assoziativer Logik, die vor allem im überindividuellen Medium des Mythos ihre objektive Ausdrucksform gefunden haben.

3. Die Sterne geben die Richtung an, nicht aber Zwänge

Es ist nicht auszuschließen, daß sich – zumal bei guter Kenntnis der sonstigen Gegebenheiten – aufgrund des Horoskops bestimmte Entwicklungen ablesen lassen, einschließlich bestimmter zeitlicher Markierungen. Auf keinen Fall ist jedoch durch ein solches Kosmogramm festgelegt, welche Auswirkungen diese sich abzeichnenden Entwicklungen konkret im Leben des Horoskopeigners haben werden.

4. Grundlage und Grenze christlicher Astrologie ist durch die kosmische Christologie des Neuen Testaments gegeben

Christliche Astrologie gründet in der universalen Herrschaft des Wortes Gottes, die in Christus, dem Gekreuzigten, offenbar geworden ist.

Sein Kreuz ist

- das Zeichen der Liebe Gottes und der Befreiung des Menschen aus der Gewalt kosmischer Unheilsmächte (Dämonen);
- das Zeichen des Heiles »allein aus Glauben« (Röm 1,17): das Zeichen, an dem sich die Geister scheiden;
- das Zeichen der Versöhnung und der Verwandlung der Kräfte, die miteinander in Feindschaft lebten – im Makrokosmos wie im Mikrokosmos.

5. Astrologische Erforschung der Zukunft bedeutet eine Gefährdung des Glaubens

Wer als Christ ängstlich auf die Zukunft schaut und sich der Astrologie bedient, um sich über die Zukunft Sicherheit zu verschaffen, ist in der Gefahr, nicht mehr auf den Geist des Sohnes Gottes in seinem Herzen zu hören, der ihn lehrt, vertrauensvoll »Abba, Vater« zu rufen (vgl. Gal 4,6) – ganz gleich, was auf ihn zukommen mag.

6. Christliche Astrologie ist von der Überzeugung getragen, daß der Mensch seinen im Horoskop vorgezeichneten Weg in der geschichtlichen Einmaligkeit seiner Person verwirklichen muß

Der Weg des Menschen zu Gott – der Weg der »Läuterung«, der »Integration«, »nach oben« –, für den sich im Horoskop Bedingungen, Grenzen und Möglichkeiten abzeichnen, vollzieht sich nach christlichem Verständnis nicht in einer Folge verschiedener Erdenleben. Durch die Menschwerdung des Wortes Gottes ist vielmehr die Welt des Menschen in ihrer geschichtlichen Begrenzung von Raum und Zeit zum Ort ewig gültiger Entscheidungen geworden. Kreuz und Auferstehung Jesu machen offenbar, daß der Mensch gerade in seiner Geschichtlichkeit Partner der unauslotbaren Liebe Gottes ist. Dieser Liebe zu vertrauen, ist die Summe christlicher »Weisheit«.

7. Christliche Astrologie verweist darauf, daß das Kreuz auch Zeichen der kosmischen Versöhnung ist
Kirchliche Glaubensverkündigung kann und muß gegenüber pansophischer Astrologie auf das »Wort vom Kreuz« (1 Kor 1,18) verweisen. Doch hat die kirchliche Theologie wohl zu wenig zur Geltung gebracht, daß das Kreuz Christi nicht nur als das geschichtlich bedingte Werkzeug seines ein für allemal geschehenen Todes die Ursache unserer Erlösung anzeigt, sondern in seiner Gestalt auch das Heil darstellt, das durch diesen Tod gewirkt ist: Es ist das Zeichen der kosmischen Versöhnung (vgl. Eph 2,14ff) des einzelnen Menschen wie des Alls.

VII. »Sternstunden« der Heilsgeschichte

Der Stern über Betlehem

Zwei Ereignisse im Leben Jesu sind im Zeugnis der Heiligen Schrift in besonderer Weise durch Zeichen hervorgehoben: seine Geburt und sein Tod. Von dem Stern im 2. Kapitel des Mattäusevangeliums war oben Seite 16 schon die Rede: Die Kirchenväter sahen in ihm einen Hinweis darauf, daß das Kind, zu dem er hinführte, kein anderer ist als der, der das Weltall regiert.

Heute stehen sich im wesentlichen zwei Deutungen dieser Perikope gegenüber: eine theologische und eine historische. Das Dilemma besteht darin, daß ihre Vertreter den Eindruck erwecken, als schlössen sich ihre Argumente gegenseitig aus. Zumindest verraten sie zumeist kein großes Verständnis für die Argumentation der Gegenseite.

Für die theologische Deutung[101] der Magier-Perikope ist es zweifellos wichtig, auf ihren literarischen Zusammenhang innerhalb der mattäischen Kindheitsgeschichte hinzuweisen. Im Lichte verdichteter Motive jüdischer Überlieferung – nach Art eines »Midrasch« und gleichsam als »Proömium« zu dem dann folgenden Hauptteil – soll hier die Messianität Jesu schon einmal aufstrahlen. So wird der Stern zum Zeichen der anbrechenden Gottesherrschaft, dem die Heiden folgen, während das Gottesvolk, das die Heilsprophetie besitzt, durch die allein das kosmische Zeichen als Hinweis auf den Messias offenbar wird, sich verschließt.

Die Vertreter der theologischen Deutung machen es sich allerdings wohl allzu leicht, zumindest überschreiten sie ihre Fachkompetenz, wenn sie die astronomischen Angaben der Magier-Perikope von vornherein für legendär halten, da es sich doch ganz offensichtlich um einen wundersamen Stern handle, dessen Erscheinung, dessen Stillstand über einem Haus astronomisch nicht erklärt werden könne, und zudem sei eine Konjunktion eben kein »Stern«.

Die historisch orientierten Ausleger andererseits befürchten von einer theologischen Interpretation eine Mythisierung der Heilsgeschichte. Das Grundproblem der Auseinandersetzung ist nicht auf diese Perikope beschränkt. Es ist hier nicht der Ort, grundsätzlich das Verhältnis von Theologie und Historie in der Heiligen Schrift zu erörtern. Es soll hier auch nicht auf die Theologie der Magier-Perikope eingegangen werden. Einige Ergebnisse astronomisch-astrologischer Forschung sind jedoch wert, bedacht zu werden.

Seit J. Kepler gilt als das entscheidende Ereignis, das im Hintergrund der Magier-Perikope steht, die dreimalige Konjunktion von *Jupiter* und *Saturn* im Tierkreiszeichen FISCHE im Jahre 747 a.u.c. (= seit der Gründung Roms), d. i. 7 v. Chr. Die Geburt Jesu 7 Jahre vor der Zeitrechnung anzusetzen, die nach diesem Ereignis zählt, bedeutet keine Schwierigkeit, da diese unsere Zeitrechnung erst – zum Zwecke der Osterfestberechnung – von dem Mönch Dionysius Exiguus († um 550) eingeführt wurde, der offenbar nicht auf historische Präzision im modernen Sinn bedacht war. Es steht z. B. fest, daß König Herodes I. im Jahre 4 v. Chr. gestorben ist.

Schon der normalen Konjunktion von *Jupiter* und *Saturn*, die sich etwa alle 20 Jahre ereignet, wurde in der Geschichte der Astrologie immer eine besondere Bedeutung beigemessen. Sie galt als coniunctio aurea, als »Königsaspekt«. Im Mittelalter und zur Zeit der Renaissance wurde sie allerdings gefürchtet: Die Pest im Jahre 1348 wurde auf eine Konjunktion von *Jupiter, Saturn* und *Mars* in WASSERMANN zurückgeführt. Der italienische Astrologe Lucas Gauricus (1476–1558, seit 1545 Bischof) verlegte den Geburtstag Martin Luthers in das Jahr 1484 (statt 1483), so daß nach ihm der Reformator bei einer conjunctio aurea in SKORPION geboren wurde. Ein Magister zu Ingolstadt hatte für dieses Jahr geweissagt, »daß die Zusammenkunft viel Unheil für die nächsten 60 Jahre zur Folge haben werde: großen Krieg, Teuerung, Pest und Geburt eines falschen Propheten«.[102] Im Februar 1524 fand eine Konjunktion von *Jupiter* und *Saturn* in FISCHE statt. Da sich in diesem Monat insgesamt 20 Konjunktionen ereigneten und davon allein 16 in einem Wasser-Zeichen, häuften sich die Vorhersagen. Später hat man die Bauernkriege damit in Verbindung gebracht. Nun ist allerdings die Angst, mit der man im Spätmittelalter die astrologisch sich in der coniunctio aurea abzeichnende »Heimsuchung Gottes« erwartete, eine Folge nicht so sehr astrologischer Logik als vielmehr der allgemein verbreiteten pessimistischen Erwartungshaltung jener Zeit.

Im Tierkreiszeichen FISCHE ereignete sich die Konjunktion von *Jupiter* und *Saturn*, wie gesagt, auch im Jahre 7 v. Chr. Sie war in jenem Jahr noch dadurch besonders ausgezeichnet, daß sich die beiden Planeten infolge zeitweiliger Rückläufigkeit dreimal im gleichen Zeichen begegneten. Ist eine dreimalige Konjunktion von *Jupiter* und *Saturn* überhaupt nur etwa alle 200 Jahre zu erwarten, so hat sie im Zeichen FISCHE in geschichtlicher Zeit außer im Jahre 7 v. Chr. nur noch ein einziges Mal stattgefunden, im Jahr 861 v. Chr. Gegenüber diesem Datum aber ist die Konstellation des Jahres 7 v. Chr. noch dadurch ausgezeichnet, daß damals der Frühlingspunkt bereits ins Sternbild FISCHE eingetreten war und damit das Fische-Zeitalter begonnen hatte. Diese Situation aber ist im laufenden »Platonischen Jahr« absolut einmalig. Sicher hängt es auch damit zusammen, wenn der Fisch zum Symbol für Christus wurde.[103]

FISCHE, so haben wir schon gesehen, ist ein Jupiter-Zeichen. So ergibt sich für die dreimalige Konjunktion von *Jupiter* und *Saturn* im Zeichen FISCHE zu Beginn des Fische-Zeitalters aufgrund des im IV. Kapitel skizzierten astrologischen Systems folgende symbolische Bedeutung: *Jupiter*, der Repräsentant göttlicher Ordnung, der »Gerechte« – wie er bei den Juden hieß –, verbindet sich in einzigartiger Weise mit *Saturn*, dem »Sabbat-Stern« der Juden, dem Beherrscher der Zeit. Bei dieser Begegnung dominiert *Jupiter*, und sie leitet ein neues Zeitalter ein, das von *Jupiter* beherrscht ist, in dem aber die Feindschaft zwischen *Saturn* und *Jupiter* aufgehoben ist.

Wenn L. Liebhart in der geschilderten »Seltenheit der Himmelserscheinung des Jahres 7 vor Christus« ein »Teilphänomen der Hinordnung des Alls auf Christus« sieht[104], ist damit freilich noch kein Bezug zum Stern von Betlehem hergestellt. Vor allem ist zunächst völlig offen, wieweit astrologische Spekulationen in der angedeuteten Art mit der Vorstellungswelt der Kreise übereinstimmen, denen die Magier-Perikope entstammt.

Darüber aber liegt eine bemerkenswerte Veröffentlichung aus neuerer Zeit vor: Konradin Ferrari d'Occhieppo, Der Stern der Weisen. Geschichte oder Legende? Wien ²1977. Die Argumentation des Autors beruht auf einer Auswertung der in Keilschrift auf Tontäfelchen geschriebenen Tabellen astronomischer Vorausberechnungen aus Babylon, die zudem überprüft und im Planetarium rekonstruiert wurden. Seine Ergebnisse seien hier referiert, ohne daß ich die Möglichkeit habe, sie zu überprüfen.

Zunächst sei darauf aufmerksam gemacht, daß der griechische Text der Magier-Perikope Mt 2,1–12 zwischen einem

Gebrauch des Wortes »anatole« = »Aufgang« im Plural und ohne Artikel (Mt 2,1; vgl. Mt 8,11; 24,27) und einem in der Einzahl und mit Artikel (Mt 2,2.9) unterscheidet. Im ersten Fall ist der »Osten« gemeint: Es kamen Gelehrte aus dem Osten. In den Versen 2 und 9 ist jedoch vom »Aufgang« eines Sternes die Rede.[105]

Wenn von einem »Stern« – ohne weitere Namensnennung – die Rede ist, kommt zumindest nach babylonischem Sprachgebrauch nur *Jupiter* in Frage, der Stern des Marduk. Marduk, der »Sohn der Sonne«, ursprünglich der Stadtgott Babylons, wurde seit Hammurapi mit dem sumerischen Enlil gleichgesetzt und als »Herr« (Bel) verehrt. In seinem Sieg über Tiamat kommt mythologisch der Sieg der jüngeren Göttergeneration über die ursprünglichen Mächte des Universums zum Ausdruck. So wurde er zum Schöpfer des bestehenden Kosmos und des Menschen, zum Gott der Weisheit und Ordnung – ähnlich Zeus-Jupiter im griechisch-römischen Götterhimmel. Diese Parallele gilt auch astrologisch: »Am Himmel dachten die Babylonier sich Marduk in dem Planeten Jupiter.«[106]

K. Ferrari d'Occhieppo geht davon aus, daß der Ausdruck »Magier aus dem Osten« (Mt 2,1) auf Babylon weist, und stellt nun fest:

Auch die Babylonier hatten für das Jahr 7 v. Chr. vorherberechnet, daß »ihr« Stern – *Jupiter*, der Stern ihres höchsten Gottes – sich vom Osten her dem *Saturn* nähern werde, um mit ihm im Zeichen FISCHE in einzigartiger Weise zusammenzutreffen. Für sie fiel weniger ins Gewicht, daß es sich um eine dreifache Konjunktion handelte. Der erste kurze Vorübergang (Ende Mai) ist in ihrem Kalender nicht einmal vermerkt. Auch der östliche Stillstand war nicht bemerkenswert, da *Jupiter* und *Saturn* hier noch ein Intervall von 7 Tagen aufwiesen. »Aber daß beide am selben Abend, dem 21. Ululu (= 15. September

747 a.u.c.) ihren Abendaufgang haben sollten und, wie die rekonstruierte babylonische Rechnung in übrigens guter Übereinstimmung mit den wirklichen Verhältnissen zeigt, mit nur einem Grad Längenunterschied vom Abend bis zum Morgen gemeinsam über den Himmel zogen, war schon ein Ereignis von ungewöhnlichem Seltenheitswert. Dabei zeigte sich *Jupiter* – das wissen wir auf Grund seiner Sonnennähe in der räumlichen Bahn – als strahlender Herrscher in höchstmöglichem Glanze neben dem – infolge schmaler Ringstellung – ziemlich blassen *Saturn.* Endlich lesen wir in der letzten Zeile der Oberseite des Kalenders, daß der westliche Stillstand für zwei aufeinanderfolgende Abende, den 20. und 21. Arah'samna (= 12./13. November 747 a.u.c.) berechnet war. Die vollständige Rekonstruktion der babylonischen Rechnungen hat nicht nur das stark beschädigte Datum des Jupiterstillstandes eindeutig bestätigt, sondern sie ergab für diese Phase eine wahrhaft einzigartige Auszeichnung: nur drei Bogenminuten sollte hiernach der Längenunterschied zwischen den Stillstandspunkten beider Planeten betragen!«[107]
Für das babylonische Verständnis dieser Konstellation (und wohl auch für die Magier-Perikope) sind folgende zusätzliche Informationen wichtig:
– *Saturn* galt als Stern Israels. Das ist auch aus Amos 5,26 ersichtlich, wenn hier der Prophet Israel vorwirft, das Bild des »Kewan« als Götterbild vor sich herzutragen. »Kewan« ist *Saturn.* Jedenfalls hielt Israel den Tag des *Saturn* heilig.
– Auf Israel verweist auch die Ortsbestimmung der Konjunktion, und zwar aufgrund einer im Altertum verbreiteten astrologischen Geographie. F. Boll, der bei aller astrologiegeschichtlichen Sachkenntnis ebenso wie K. Ferrari d'Occhieppo keinen Hehl daraus macht, persönlich Astrologie für überholten Aberglauben zu halten, schreibt über die astrologische Geographie und Ethnographie: »Es

ist in der Tat merkwürdig, wieviel sich, wenn man den fiktiven Untergrund einmal zugesteht, von den eigentümlichen Sitten und Gebräuchen der einzelnen Völker, ihrem Gesamtcharakter, auf diese Weise zu erklären scheint. Geistige Anlage, Kulturzustand und Religion, Besitz und sexuelle Ethik der Völker, Kampfeslust oder Friedfertigkeit, Tracht und Nahrung und die Gebräuche bei der Bestattung, all das ergibt sich, freilich nur für die enge Zufallswelt der dem Altertum bekannten Länder, ganz von selbst mit überraschender Folgerichtigkeit, wenn auch mit starker Vereinfachung und Schematisierung des Mannigfaltigen, aus jenen Gestirnen, unter deren Walten der Urwille des Schicksals von Anfang an die Völker gestellt hat.«[108]

Bei der Zuordnung der Tierkreiszeichen zu bestimmten Ländern oder Regionen der Erde gab es gewisse Schwankungen. M. Manilius[109] jedenfalls – zur Zeit der Kaiser Augustus und Tiberius – weist dem Zeichen FISCHE die Länder Parthien, Susiana (Persien), Mesopotamien und das Rote Meer zu. Etwa in der Mitte dieses Bogens liegt Judaea. Wenn der Höhepunkt der Begegnung von *Jupiter* und *Saturn*, ihr fast gleichzeitiger westlicher Stillstand, bei FISCHE 15° – also in der Mitte dieses Tierkreiszeichens – stattfand, dann bot sich astrologischer Deutung in der Tat nur Jerusalem, wo König Herodes I. herrschte, als Ort für das Geschehen an, auf das »der Stern« hinwies.

Ferrari d'Occhieppo schreibt: »Es bedarf hier keiner verwickelten Schlußfolgerungen, um sich im Sinne der Magier etwa folgende Deutung dieser Vorgänge zurechtzulegen: Der Stern ihres höchsten Gottes tritt von Osten her im Abendaufgang an die Seite des Sternes Israels, um mit ihm in größtem Glanze den Himmel ›vom Aufgang bis zum Niedergang‹ zu beherrschen; endlich bleibt er ganz dicht bei ihm in eben der Himmelsgegend stehen, die man auf Palästina, das Land der Verheißung, bezog. Es sind demnach gerade jene zwei Phasen ganz unzweifelhaft aufs höchste ausgezeichnet, die der Evangelist in gleicher Reihenfolge hervorhebt: der (Abend-)Aufgang als das von den Magiern angenommene himmlische Zeichen der Geburt eines gottbegnadeten Königs aus dem Volke der Juden und der Abend des westlichen Stillstandes.«[110]

Es bedeutet nun auch keine Schwierigkeit mehr, daß in der Magier-Perikope nur von *einem* Stern die Rede ist, nämlich vom Marduk-Stern *Jupiter*. Sein Weg wird verfolgt. Immerhin ist jedoch interessant, daß es in der Variante der Magier-Perikope, die das Protoevangelium des Jakobus bietet, nach der ältesten Textüberlieferung – Papyrus Bodmer V – heißt: »(Herodes) ließ (die Magier) kommen, und sie berichteten ihm über den Herrn. Und siehe, sie sahen *Sterne* im Aufgang, und sie zogen vor ihnen her, bis sie zur Grotte kamen.«[111]

Auch das vielleicht ein nützlicher Hinweis von Ferrari d'Occhieppo: »Merkwürdigerweise hat man es vielfach auch bei rationalen Erklärungsversuchen unbeachtet gelassen, daß die naive Vorstellung, als ob der Stern den Magiern wie die Laterne eines Führers vom fernen Morgenland bis nach Jerusalem auf dem Weg vorangeleuchtet hätte, sich durchaus *nicht* mit der Darstellung des Evangelisten deckt. Alle verkrampften Versuche früherer Erklärer, ein entsprechendes scheinbares Verhalten eines natürlichen Sterns plausibel zu machen, waren ebenso unnötig, wie der unvermeidliche Fehlschlag solcher Bemühungen als Beweis für den außernatürlichen Charakter der Erscheinung gelten kann. Denn nach den Worten des Evangelisten beriefen sich die Weisen bei ihrer Ankunft allein darauf, den *Aufgang* eines Sterns gesehen zu haben, den sie als Zeichen eines außerordentlich verehrungswürdigen Königs der Juden betrachteten. Von einem Voranziehen des Gestirns ist in diesem Zusammenhang noch keine

Rede. Sie brauchten weder nachts zu reisen, um den Stern beständig vor Augen zu haben, noch mußte dieser so hell sein, daß man ihn auch bei Tage sah.«[112]

Daß der Stern vor den Magiern herzog, ist erst für das letzte Stück der Reise – von Jerusalem nach Betlehem – berichtet (Mt 2,9), und zwar als etwas, was die Magier mit besonderer Freude feststellten. Ferrari d'Occhieppo hat das Bild rekonstruiert, das sich dem bot, der am Abend des 12. November 7 v. Chr. von Jerusalem südwärts den Weg nach Betlehem zog: *Jupiter* stand hell leuchtend ungefähr 50 Grad hoch genau über der Richtung des Weges: Dem Betrachter zog er so dauernd vorher – dicht daneben *Saturn;* für den Astronomen hatten sie dort ihren Stillstand. Dazu kam an jenem Abend noch etwas, das babylonische Astronomen wohl nicht vorhersehen konnten: »*Jupiter* und *Saturn* befanden sich damals nahe der stumpf auslaufenden Spitze des *Zodiakallichtkegels*; dies ist eine zarte, nicht scharf begrenzte Leuchterscheinung, deren Helligkeit mit den hellen Milchstraßenwolken vergleichbar ist. Früher vielfach nicht streng von den Dämmerungserscheinungen unterschieden, wurde ihr im Planetenraum gelegener kosmischer Ursprung erst in neuerer Zeit zweifelsfrei festgestellt. Die Achse größter Helligkeit weicht nur unbedeutend von der Mittellinie des Tierkreises (= Zodiakus) ab. Damals brachten es nun die Umstände der Jahreszeit mit sich, daß trotz der beständigen Himmelsdrehung der Untergangspunkt der Helligkeitsachse während der ganzen ›ersten Nachtwache‹, genauer gesagt etwa vom Eintritt völliger Dunkelheit um 18.45 Uhr an bis gegen 22 Uhr Ortszeit, mit unmerklichen Veränderungen an derselben Stelle des Horizonts verblieb. Der Lichtkegel richtete sich allmählich steiler auf und sank tiefer, aber das Licht, das wie ein Scheinwerferstrahl von *Jupiter*, dem Messiasstern, gleichsam auszuströmen schien, wies mit

merkwürdiger Beständigkeit stets auf denselben Ort ...
So entstand der Eindruck, als ob der Stern ›stehenblieb
oben darüber, wo das Kind war‹.«[113]

Die Todesstunde Jesu

Höhepunkt und Vollendung des irdischen Lebens Jesu ist
nach dem Johannesevangelium seine »Stunde«, da er aus
dieser Welt zum Vater gehen sollte (Joh 13,1; vgl. 17,1;
19,30). Diese Stunde ist nicht bloß eine Zeitangabe, sie ist
auch eine qualitative Verdichtung der Ausrichtung des
Menschensohnes auf den Vater. Zugleich steht unausweichlich jeder Mensch unter dem Gesetz dieser Stunde:
Jeder Mensch kommt in seine »Stunde« – das ist auch für
ihn nicht erst die Stunde des Todes –, und ob seine Stunde
ihm zur Auferstehung des Lebens oder zum Gericht wird
(Joh 5,24 ff), das hängt davon ab, wie sehr er sich in seiner
Stunde bestimmen läßt von der Stunde Jesu (Joh
12,23–28). So ist im johanneischen Begriff der »Stunde«
zum Ausdruck gebracht, daß jede menschliche Entschei-
dungssituation eine Bezugsmitte hat: die Stunde Jesu (vgl.
auch Joh 2,4; 4,52 f). Sie ist für den Glaubenden die Mitte
der Geschichte der Welt. Zugleich ist sie ein uhrzeitlich
datierbares Ereignis: die Todesstunde Jesu.
Nicht nur in zeitlicher Hinsicht markiert dieses Ereignis
die Mitte der Weltgeschichte; denn der Sohn Gottes ist in
der Stunde seines Todes hinabgestiegen ins »Herz der
Erde« (Mt 12,40), in das »Reich des Todes« (Apostoli-
sches Glaubensbekenntnis), in das Grab Adams (wie die
christliche Ikonographie es von altersher dargestellt hat),
damit in ihm das Leben Adams und der ganzen mit Adam
dem Tode verfallenen Schöpfung erneuert werde. Der
Glaube weiß: Die Todesstunde Jesu ist die Sternstunde der

143

ganzen Schöpfung. Die synoptischen Evangelien stellen eindrucksvoll dar, wie sehr in dieser Stunde der Kosmos in Mitleidenschaft gezogen ist: »Es war etwa um die sechste Stunde, als eine Finsternis über das ganze Land kam. Sie dauerte bis zur neunten Stunde. Die Sonne verdunkelte sich« (Lk 23,44 f; vgl. Mt 27,45; Mk 15,33). »Die Erde bebte, und die Felsen spalteten sich. Es öffneten sich die Gräber« (Mt 27,51 f). Der da am Kreuz stirbt, ist niemand anderer als das »Wort«, durch das alles geworden ist (Joh 1,3). Darum ist sein Tod von universaler kosmischer Bedeutung.

Für den, der sich, gerade weil er an das Wirken des Wortes Gottes in allem Geschehen glaubt, auch astrologischen Erfahrungen nicht verschließt, stellt sich dann die Frage, in welcher Weise diese »Sternstunde« ihre astronomisch greifbare kosmische Entsprechung gefunden hat. Wie sieht das Horoskop der Todesstunde Jesu aus? Immerhin ist das Sterben das einzige Ereignis im Leben Jesu, das mit größter Wahrscheinlichkeit hinreichend genau datierbar ist. Das Geburtshoroskop[114] Jesu läßt sich aufgrund der neutestamentlichen Quellen ebensowenig erstellen, wie sich ein »Leben Jesu« und sein Charakterbild rekonstruieren lassen. Und das ist gut. So kann um so deutlicher der Sohn Gottes in der Gestalt des neuen Menschen als Einladung an alle Menschen aufscheinen. Mit seinem Sterben aber verhält es sich anders. Auch im Neuen Testament gehört gerade die Gestalt des Sterbens Jesu wesentlich zur Verkündigung, zur Offenbarung und Verherrlichung des Vaters in der vertrauensvollen Ausrichtung des Sohnes auf ihn, selbst noch in der Stunde des Todes. So wird man auch fragen dürfen, wieweit sich zeigen läßt, daß das Bild, das die Evangelien vom Tode Jesu zeichnen, seine kosmische Entsprechung hat.

Zunächst muß nun freilich gezeigt werden, daß es möglich

ist, das Horoskop der Todesstunde Jesu zu berechnen. Denn die Passionsberichte der synoptischen Evangelien (Mt, Mk und Lk) einerseits und des Johannesevangeliums andererseits enthalten darüber unterschiedliche Angaben. Die Synoptiker berichten (vgl. Mt 26,17; Mk 14,12; Lk 22,7), daß Jesus am Abend vor seinem Leiden mit seinen Jüngern termingerecht das Paschamahl gegessen habe. Das würde konsequent weitergedacht bedeuten, daß der Prozeß und die Kreuzigung Jesu am Paschafest (15. Nisan) stattgefunden hätten. Im Johannesevangelium ist das Letzte Mahl Jesu nicht als Paschamahl dargestellt, und es wird ausdrücklich gesagt, daß Jesus am Tag vor dem Paschafest (14. Nisan) gestorben ist (Joh 18,28; 19,14.31) – als das neue Osterlamm (vgl. Joh 19,36; 1 Kor 5,7) zu der Zeit, da im Tempel die Paschalämmer geschlachtet wurden. Beide Darstellungsweisen bringen je auf ihre Weise durch ihre chronologische Verknüpfung die Bedeutung des Todes Jesu zum Ausdruck. Hier liegt der Unsicherheitsfaktor für die Beantwortung der Frage, an welchem Datum Jesus gestorben ist. Die Mehrzahl der Forscher gibt dem 14. Nisan den Vorzug.[115] Die Versuche, die davon abweichenden Angaben der Synoptiker zu erklären, gehen im wesentlichen in zwei Richtungen: Einmal könnte manches darauf hinweisen, daß Jesus das Paschamahl nicht nach dem Mondkalender des orthodoxen Judentums, sondern nach dem essenischen Sonnenkalender gefeiert hat.[116] Zum anderen scheint es leichter verständlich, in theologischer Deutung (vielleicht auch in Rückwirkung einer schon bestehenden liturgischen Praxis) dem Letzten Mahl Jesu die Konturen eines Paschamahles zu geben als den Todestag zu verlegen. Daß sich aufgrund der Darstellung des Paschamahles ein Konflikt mit dem jüdischen Paschafest ergab, wurde in der synoptischen Tradition möglicherweise schon nicht mehr empfunden. Jedenfalls heben die Synoptiker nirgends hervor und wollen sie wohl auch nicht sagen, daß Jesus an einem Paschafest verurteilt und hingerichtet wurde. Mt 26,5 und Mk 14,2 heißt es sogar ausdrücklich: »Nicht am Fest!« Alle vier Evangelien stimmen darin überein, daß Jesus an einem Freitag gestorben ist. J. Blinzler[117] zeigt, daß mit größter Wahrscheinlichkeit von den Jahren, in denen der 14. Nisan auf einen Freitag fiel, nur das Jahr 30, von den Jahren, in denen der 15. Nisan auf einen Freitag fiel, keines als Todesjahr Jesu in Frage kommt. Ebenso kommt K. Ferrari d'Occhieppo zu dem Ergebnis, daß Freitag, 14. Nisan = 7. April 783 a.u.c. (30 n. Chr.) »auch unter Heranziehung aller modernen astronomischen und chronologischen Gesichtspunkte als das mit Abstand wahrscheinlichste Datum der Kreuzigung Christi anzusehen ist«.[118]

Bleibt noch die Stunde zu bestimmen, für die das Horoskop zu berechnen ist. Die Synoptiker geben übereinstimmend an, daß Jesus um die 9. Stunde starb, also gegen 15 Uhr (vgl. Mt 27,45; Mk 15,34; Lk 23,44). Im Johannesevangelium findet sich diese Angabe nicht, wohl aber – im Unterschied zu den Synoptikern – der Hinweis, daß die Verurteilung durch Pilatus zur Mittagszeit erfolgte (Joh 19,14). Demzufolge wäre der Tod Jesu eher etwas nach 15 Uhr eingetreten, freilich auch wiederum nicht sehr viel später, da vor Sonnenuntergang noch genügend Zeit für die Joh 19,31–42 berichteten Ereignisse bleiben mußte. Unumstritten ist der Ort, für den das Horoskop zu berechnen ist; Jerusalem, 31° 47' n. B., 35° 10' ö. L. (d. i. + 2 Stunden, 20 Minuten gegenüber WEZ).

Eine Ephemeride für diese Zeit steht auch zur Verfügung: B. Tuckermann, Planetary, lunar and solar positions A. D. 2 to A. D. 1649 at five-day and ten-day intervals, Philadelphia 1964. Ihre Angaben folgen dem Julianischen

Kalender und beziehen sich auf 16.00 Uhr WEZ. Für den 7. April läßt sich als Mittagsstand der Sonne ablesen: 15° 16' WIDDER. Der Häusertabelle (W. A. Koch/E. Schaeck) läßt sich entnehmen, daß dem eine Sternzeit von 0° 56' entspricht. Aufgrund dessen ergibt sich für den frühen Nachmittag folgendes Bild:

Sonne: 15° WIDDER im 8. Haus von 13.52 Uhr bis 15.56 Uhr

Mond: 26° WAAGE im 2. Haus von 14.30 Uhr bis 16.44 Uhr

Saturn 7° ZWILLINGE im 10. Haus von 12.46 Uhr bis 15.24 Uhr

Jupiter: 23° FISCHE im 7. Haus von 14.16 Uhr bis 16.27 Uhr

Mars: 3° STEINBOCK im 4. Haus von 14.50 Uhr bis 17.17 Uhr

Venus: 0° FISCHE im 6. Haus von 14.43 Uhr bis 17.05 Uhr

Merkur: 2° STIER im 8. Haus von 14.59 Uhr bis 17.05 Uhr

Die *Sonne* befindet sich also in einem Mars-Zeichen, *Mars* in einem Saturn-Zeichen, *Saturn* in einem Merkur-Zeichen, *Merkur* in einem Venus-Zeichen. *Venus* regiert auch den *Mond* und wird selbst von *Jupiter* beherrscht. Dieser steht als einziger in seinem eigenen Zeichen und hat darum als besonders dominant zu gelten.

Der Aszendent liegt zwischen 14.46 Uhr und 17.04 Uhr im Zeichen JUNGFRAU. MC befindet sich von 14.55 Uhr an in ZWILLINGE.

Schon ein erster Blick zeigt, daß die beiden Daten, die am stärksten ein Horoskop bestimmen, in überraschender Deutlichkeit die Todessituation Jesu widerspiegeln: der Aszendent und die Stellung der *Sonne*. Beide entsprechen in besonderer Weise dem Ich in seinem unmittelbaren und ureigensten Dasein: Der Aszendent zeigt an, von welcher Grunddynamik das Ich bestimmt ist, was für das Ich zur unreflektierten Selbstverständlichkeit gehört. Die *Sonne* entspricht der Herzmitte des Menschen. Das Haus, in dem sie steht, zeigt an, in welchem Lebensbereich sie besonders

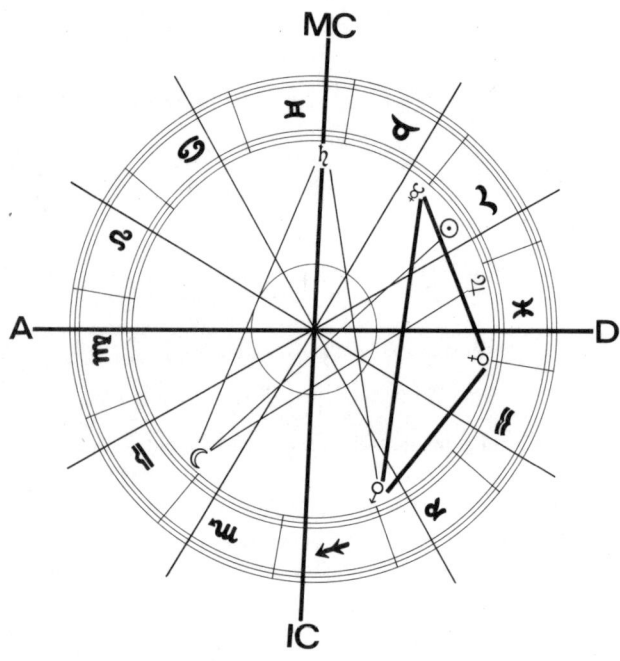

Horoskop der Todesstunde Jesu (erstellt für Jerusalem, 7. April 30, 15.24 Uhr).

aufleuchtet, zur Ausprägung kommt. Ihr jeweiliges Tierkreiszeichen gibt ihrer Dynamik die besondere Färbung.

Der Aszendent befindet sich in unserem Horoskop seit
14.46 Uhr im Zeichen JUNGFRAU, einem von *Merkur*
regierten Erd-Zeichen, dargestellt als Magd mit einer Sichel. In diesem Bild, in dem die *Sonne* zur Zeit des begin-
nenden Herbstes steht, kommt die Lebenshaltung zum
Ausdruck, die dieses Zeichen symbolisiert: ein tätig der
Erde zugewandtes Bemühen um die Ernte harter Arbeit,
gekennzeichnet auch von der Erfahrung des Welkens und
Vergehens der Blüte des Lebens. Aszendent in JUNG-
FRAU besagt somit, daß der Betreffende geneigt ist, er-
fahrenes Leid zu verarbeiten, und in hingebendem Dienst
um Heilung bemüht ist. Das Horoskop zeigt als Grund-
ausrichtung also weder Neigung zu Beschwingtheit noch
zum Grübeln, auch kein feuriges Temperament, sondern
die Bereitschaft, unabdingbaren Notwendigkeiten nicht
auszuweichen: »Mußte nicht der Messias all das erleiden
und so in seine Herrlichkeit eintreten?« (Lk 24,26).

Die *Sonne* befindet sich im Zeichen WIDDER, was ihr den
Charakter entschlossenen Einsatzes gibt. Das 8. Haus, in
dem sie in der Todesstunde Jesu steht, wird gewöhnlich
als das »Haus des Todes« bezeichnet, wobei »Tod« eine
existentielle Krise bisheriger Lebenserfahrung meint, die
gleichzeitig neue Dimensionen eröffnet. Da die *Sonne* mit
dem Tierkreis in der dem Häuserzyklus entgegengesetzten
Richtung läuft, befand sie sich von 12.00 Uhr bis 13.52
Uhr im 9. Haus, im sog. »Haus der Religion«. Das will sagen, daß in dieser Zeit das Ich mit seiner Herzmitte darauf
konzentriert war, das eigene Lebensschicksal von einem
überindividuellen Sinnzusammenhang, von einer göttlichen Berufung her zu erfassen und zu bejahen. Im 8. Haus
besagt *Sonne* (in WIDDER) selbstlosen Einsatz, Verzicht

auf eigene Lebensinteressen im Dienst am größeren Ganzen. Angesichts des Todes ist hier also eine Disposition zum Ausdruck gebracht, entschlossen diesen anzunehmen im Sinne eines Selbstopfers »für die vielen« (vgl. Mt 26,28; Mk 14,24). Die Position von Aszendent und *Sonne* entspricht somit dem Wort Jesu, da seine »Stunde« gekommen ist: »Wenn das Weizenkorn nicht in die Erde fällt und stirbt, bleibt es allein; wenn es aber stirbt, bringt es reiche Frucht. Wer sein Leben liebt, verliert es; wer aber sein Leben in dieser Welt haßt, wird es bewahren bis ins ewige Leben« (Joh 12,24f).

In (nur noch ganz schwacher) Opposition zur *Sonne* steht der *Mond*, der die Gestimmtheit, die Leidenschaftlichkeit, die Verwundbarkeit angibt, auf die das von außen Kommende trifft, um in das Eigene aufgenommen zu werden. Der *Mond* ist im Todeshoroskop Jesu der einzige Planet, der sich eindeutig östlich des Meridians befindet. Alle anderen Planeten – entsprechend den Kräften und Fähigkeiten der Seele – sind auf der westlichen Seite, erhalten ihre Prägung dadurch, daß sie in der Hinordnung auf ein Anderes, im »Du« zum »Ich« werden. Allein die Verwundbarkeit ist das ganz und gar Eigene, aller Konfrontation abgeneigt. Im 2. Haus, dem »physischen« oder »materiellen« Haus, gibt der *Mond* die eigene Leiblichkeit als den Bereich der Verwundbarkeit an; in der Tat der Bereich, in dem das Sterben vor allem erlitten wird. Im Zeichen WAAGE wird die vom *Mond* symbolisierte Offenheit als eine mitfühlende Bereitschaft charakterisiert, als ein Leiden-Mögen aufgrund »abwägender« Grundeinstellung, im dritten Drittel von WAAGE freilich in einer den Sachverhalt bewußtmachenden Reflexion und mit dem Verlangen, dem Leiden gewachsen zu sein: »Und er betete: ›Vater, wenn du es willst, nimm diesen Kelch von mir! Aber nicht mein, sondern dein Wille geschehe!‹ Da erschien ihm ein Engel vom Himmel und gab ihm Kraft. In seiner Angst betete er noch inständiger, und sein Schweiß tropfte wie Blut zur Erde« (Lk 22,42 ff). Es ist ein notwendiger Prozeß des Sich-Bereitens. Dem entspricht, daß der *Mond* in (schwacher) Opposition zur *Sonne,* ferner in schwach disharmonischen Aspekten zu *Saturn* (Anderthalbquadrat = 145°) und zu *Jupiter* (Quincunx = 150°) steht. Auffällig ist, daß es in dem ganzen Horoskop keine hart disharmonischen Aspekte gibt, Disharmonien vielmehr nur gerade soviel, daß die Spannung zwischen grundsätzlicher Geneigtheit und notwendigem Sich-Bereiten sichtbar wird.

Jupiter gibt die Ausrichtung auf übergeordnete Werte an, von denen her der Sinn des Daseins und seine Forderungen begriffen werden. Was als das Sinngebende erkannt wird, ergibt sich aus dem Haus, in dem *Jupiter* steht; im 7. Haus ist es ein »Du«. Der erlittene und zugleich als freies Opfer übernommene Tod hat seinen Sinn also darin, daß er im Gehorsam gegenüber einem Auftrag »von oben« angenommen wird. Aufgrund der beherrschenden Stellung von *Jupiter* ergibt sich, daß dieser Gehorsam im Horoskop dominant ist. FISCHE ist das dem *Jupiter* in besonderer Weise zugeeignete und gemäße Zeichen. Bei 24°, im dritten Drittel also, ist freilich auch hier die Nachdrücklichkeit angezeigt, mit der der Gehorsam gelernt werden muß (vgl. Hebr 5,8), so daß sich auch hier das Wort Jesu widerspiegelt: »Jetzt ist meine Seele erschüttert; was soll ich sagen? Vater, rette mich aus dieser Stunde? Aber deshalb bin ich in diese Stunde gekommen. Vater, verherrliche deinen Namen!« (Joh 12,27 f); aber auch die verstehensvolle Bitte: »Vater, vergib ihnen, denn sie wissen nicht, was sie tun« (Lk 23,34).

Saturn gilt in der Astrologie als der » Grenzsetzende«, als der »Sensenmann« und »der Menschheit tiefster Jammer«, gleichzeitig aber auch als der »Hüter der Schwelle«, insofern zuchtvolle Begrenzung auch die Voraussetzung eines neuen Lebens in größerer Freiheit ist. Von 12.46 Uhr bis 15.24 Uhr – während Jesus am Kreuz hing – durchwanderte *Saturn* das 10. Haus, das selbst als saturnisch-erdhaft gilt, als das »Haus des Berufes«. *Saturn* wird hier mit der Deutlichkeit physischer Notwendigkeit als die Unerbittlichkeit überindividueller Ordnung erfahren. Um 15.24 Uhr erreichte er das Medium Coeli, stand er dominierend im Kulminationspunkt am Himmel – im Übergang zum 9. Haus –, damit die Situation einer letzten Entscheidung anzeigend. In ZWILLINGE ist er geprägt durch die Fähigkeit, das zu Bewältigende von allen Seiten zu beleuchten und ihm so in der Ausrichtung auf das Ziel den rechten Stellenwert zu geben. So bestätigt – wie *Mond* und *Jupiter* – auch *Saturn* in der verdichteten Todes-»Stunde« Jesu: »Obwohl er Sohn war, hat er durch Leiden den Gehorsam gelernt; zur Vollendung gelangt, ist er für alle, die ihm gehorchen, Urheber des ewigen Heils geworden« (Hebr 5,8 f) als der Hohepriester, der »wie wir in allem versucht worden ist, aber nicht gesündigt hat« und so »die Himmel durchschritten hat« (Hebr 4,14 f).

Saturn steht – im Aspekt von ungefähr 150° – in leichter Spannung zu *Mars. Mars, Venus* und *Merkur* hingegen sind durch harmonische Aspekte (Trigon von *Mars* und *Merkur*, Sextile von *Venus* zu *Mars* und *Merkur*) miteinander verbunden.

Mars symbolisiert das Drängende im Menschen, die Triebhaftigkeit, aber auch die Tapferkeit, die alle Energie zusammenrafft. »Bei STEINBOCK hält eine wohlverwahrte Spannung vorschnelle Äußerungen zurück . . ., bei gegebener Handhabe jedoch wird keine Anstrengung gescheut, die Energie konzentriert und der Sache angemessen ausgegeben . . . Harter . . . Einsatz, konsequent und verläßlich Stück für Stück auf seinem Wege erledigend«.[119] Wirksam wird dieser Einsatz – gemäß der Stellung von *Mars* im 4. Haus – in der Tiefe des unbewußten Erlebens, in den Bildern der Seele, in dem Urgrund, in dem der Mensch in Einheit und Sympathie mit dem ganzen Kosmos steht. Hier wird deutlich, bis in welche Tiefen hinein der Tod angenommen ist. Verstärkt wird diese Marsposition noch durch den harmonischen Aspekt zu *Venus.*

Venus bezeichnet das Wonne-Haben an etwas, das in In-Einklang-, In-Harmonie-Sein und die daraus erwachsende Ausgeglichenheit. In FISCHE zeigt sich diese Ausgeglichenheit als ein Ruhen in sich selbst und als daraus erwachsende Freiheit und Einfalt des Herzens, als Fähigkeit, sich ohne Rückversicherung einem anderen zuzuneigen. Im 6. Haus, im sog. »Haus der Krankheiten«, steht die im Planeten ihre makrokosmische Entsprechung findende Seelenkraft im Dienst der Heilung bedrohter Leiblichkeit, und zwar je näher am Deszendenten, um so stärker auf ein Miteinander bezogen. *Venus* spiegelt in unserem Horoskop also selbst noch in der Todesstunde Ausgeglichenheit wider, eine Ausgeglichenheit, die den Tod dadurch überwindet, daß der Geist in der Bedrohung der Leiblichkeit gleichsam schon »im Paradies« weilt, so daß er sogar die Stärke findet, sich auch dem anderen zuzuwenden: »Heute noch wirst du mit mir im Paradies sein« (Lk 23,43).

Merkur symbolisiert die Verwirklichung, und zwar in STIER in der Weise ehrlicher, erdhaft konkreter Gestaltung (nicht also etwa in schlauen Vorspiegelungen oder im geschickten Ausweichen). *Merkur* befindet sich von 14.59 Uhr bis 17.05 Uhr im 8. Haus, im »Haus des Todes«, – gemeinsam mit der *Sonne* und damit im Dienst der Erfüllung der Intention der durch die *Sonne* angezeigten Herzmitte in der Krise der Todesstunde. Zu *Mars* und *Venus* steht *Merkur* in harmonischen Aspekten. So sehr also im Todeshoroskop Jesu der Prozeß deutlich wird, in dem der Tod in seiner Unerbittlichkeit nicht nur erlitten, sondern auch verarbeitet werden muß, so sehr bietet es insgesamt vor allem aber doch das Bild eines friedlichen Todes: »Es ist vollbracht« (Joh 19,30). »Vater, in deine Hände lege ich meinen Geist« (Lk 23,46).

Die Planetenkonstellation über Jerusalem am 7. April 30 zeigt also – mit einem Optimum um 15.24 Uhr, als *Saturn* am Medium Coeli stand – in erstaunlichem Maße eine Entsprechung zu dem, was das Neue Testament über das Sterben Jesu sagt. Doch nochmals: In den Sternen stehen Richtungen, nicht Zwänge. Allerdings verwirklicht sich Freiheit gerade im Ergreifen angelegter Möglichkeiten und nicht im Trotz wider sie. Von den beiden Verbrechern zur Rechten und zur Linken Jesu wird berichtet (Lk 23,39–43), daß ihr Sterben ein sehr unterschiedliches Gesicht hatte (wenn auch beider Tod nach Joh 19,32f später als der Tod Jesu erfolgte und darum ihr Todeshoroskop schon wieder ein verändertes Bild zeigen wird).

Es sollte hier nicht der Versuch gemacht werden, auf astrologischem Weg die Todesstunde Jesu zu bestimmen. Doch kann das gläubige Herz nicht unbewegt bleiben, wenn es im unvermuteten Aufscheinen des Todes Jesu im kosmischen Spiegel etwas vom Mysterium des Wortes Gottes erfährt, da es in der Gestalt des Menschen selbst den Gehorsam lernt (Hebr 5,8) und sich hineinbegibt ins »Herz der Erde« (Mt 12,40). Die Alten wußten und brachten bei ihrer Darstellung des Kreuzes Christi zum Ausdruck, daß dabei der ganze Kosmos mittrauerte; sie wußten aber auch – wie es Petrus Venerabilis († 1156) in seiner Lobrede auf das Grab Christi sagte: »Inmitten der

Erde hat unser Gott und König das Heil gewirkt . . . Und ich werde seinem Grabe gleich, indem ich ihm in meinem Herzen, sozusagen also inmitten meines Leibes, ein immerwährendes Gedächtnis bewahre«.[120] Das aber heißt nichts anderes als den Gehorsam lernen auf dem Weg »nach innen«, der gerade dadurch auch zum Weg »nach oben« wird. Wenn Astrologie dazu hilft, diesen Weg deutlicher zu sehen, dann ist sie auch christlich verantwortbar.

Anmerkungen

1 J. Keplers »Tertius Interveniens« erschien 1610 in Frankfurt am Main und ist als Taschenbuch in der Reihe Naturwissenschaftliche Texte bei Kindler greifbar: Johannes Kepler, Warnung an die Gegner der Astrologie. Tertius Interveniens. Mit Einführung, Erläuterungen und Glossar herausgegeben von Fritz Krafft, München 1971.

2 Vgl. hierzu R. Ruyer, Jenseits der Erkenntnis. Die Gnostiker von Princeton, Wien/Hamburg 1977.

3 Zur Geschichte der Astrologie vgl. vor allem F. Boll, C. Bezold, W. Gundel, Sternglaube und Sterndeutung. Die Geschichte und das Wesen der Astrologie, Stuttgart [5]1966 = [4]1931 (mit umfangreicher Literaturübersicht); dazu die umfangreichen Beiträge in A. Pauly-G. Wissowa, Realencyclopaedie der classischen Altertumswissenschaft: Paranatellonta (W. Gundel; 36. Hbd., 1949, Sp. 1214–1275); Planeten bei Griechen und Römern (W. und H. Grundel; 40. Hbd., 1950, Sp. 2017–2185); Zodiakus. Der Tierkreis in der Antike (H. Gundel – R. Böker; II, 19. Hbd., 1972, Sp. 462–709).

4 L. Wächter, Astrologie und Schicksalsglaube im rabbinischen Judentum: Kairos NF 11 (1969) 181–200, hier 182f.

5 Vgl. M. Delcor, Recherches sur un Horoscope en langue hébraique provenant de Qumrân: Revue de Qumrān V (1964/66) 521–542; M. R. Lehmann, New Light on Astrology in Qumran and the Talmud: Revue de Qumrān VIII (1975) 599–602.

6 D. Feuchtwang, Der Tierkreis in der jüdischen Tradition und Synagogenritus: Monatsschrift für Geschichte und Wissenschaft des Judentums 59 (1915) 241–267, hier 243. Vgl. auch L. Löw, Die Astrologie bei den Juden: Ges. Schriften 2, Szegedin 1890, 115–131; U. Riedinger, Die Heilige Schrift im Kampf der griechischen Kirche gegen die Astrologie, Innsbruck 1956, 99–126.

7 De Bello Judaico V, 217.

8 Vgl. L. Wächter, a.a.O.; H. L. Strack – P. Billerbeck, Kommentar zum Neuen Testament aus Talmud und Midrasch II, 402–405.

9 G. Stemberger, Die Bedeutung des Tierkreises auf Mosaikfußböden spätantiker Synagogen: Kairos NF 17 (1975) 23–56, hier 56. Vgl. von demselben: Der Tierkreis in der jüdisch-christlichen Tradition, in: W. Strolz (Hrsg.), Kosmische Dimensionen religiöser Erfahrung, Freiburg 1978, 101–127.

10 F. Boll, Aus der Offenbarung Johannis, Leipzig-Berlin 1914; G. Voss, Kosmische Bildwirklichkeit in der neutestamentlichen Verkündigung. Ein Versuch zu Joh 1–2: Una Sancta 32 (1977) 13–38.

11 Erwähnt seien: Hippolyt, Widerlegung aller Häresien, IV. Buch (BKV² 40 = 1922, 43 ff); Tertullian, Über den Götzendienst, 9. Kap. (BKV² 7 = 1912, 148 ff); Gregor von Nyssa, Contra fatum (PG 45, 145 ff); Augustinus, Gottesstaat, V. Buch (BKV² 1 = 1911, 236 ff); ders. in seinem Kommentar zu Gal 4,10 f (Exp. in ep. ad Gal 34 f, PL 35, 2130): »Auch in unseren Kreisen gibt es viele Menschen, die sich die Zeiten für ihre Unternehmungen von den Mathematikern bestimmen lassen . . . Was für eine Hoffnung haben solche, wenn sie Christen heißen wollen, aber ihr schiffbrüchiges Leben nach den Ephemeriden lenken?« Vgl. auch PG 221, 451 f = Indices, tomus IV, CCIX (scient. occult.), 3. Astrologia; ferner U. Riedinger, op. cit. (Anm. 6).

12 Corpus Hermeticum (= CH), Traktat VIII, 5 (ed. A. D. Nock, tome I, Paris 1960, 89).

13 CH I, 15 f, a.a.O. 11 f.

14 Vgl. Gal 4,1–11; Kol 2, 16–20. Altkirchliche Verurteilungen eines fatalistischen Sternenglaubens: I. Konzil von Toledo im Jahre 400 (DS 205); Brief Papst Leos I. an Bischof Turribius von Astorga vom 21.7. 447 (DS 283); I. Konzil von Braga im Jahre 563 (?) (DS 459 f); vgl. auch Codex Theodosianus IX, 16.

15 Das »Speculum astronomiae vel de libris astronomiae licitis et illicitis« ist in den älteren Gesamtausgaben der Werke Alberts abgedruckt, so in der Ausgabe von A. Borgnet (Paris 1890–1899) X, 629–651.

16 STh I q 115, a 4, resp. ad 3.

17 E. Zinner, Geschichte und Bibliographie der astronomischen Literatur in Deutschland zur Zeit der Renaissance, Stuttgart ²1964, 71 und Vorwort zur 2. Auflage.

18 Vgl. WA, Tischreden Bd. 3, Nr. 3520 (Januar 1537): »Es schmerzt mich, daß Philipp Melanchthon so sehr der Astrologie anhängt, weil man sich sehr über ihn lustig macht. Denn er läßt sich leicht von den Himmelszeichen beeinflussen und in seinen Gedanken zum Besten halten. Es hat ihm oft gefehlt, doch ist er nicht zu überzeugen. Als ich einst von Torgau kam, ziemlich krank, sagte er, es sei nun mein Schicksal zu sterben. Ich habe nie geglaubt, daß es ihm so ernst ist. Ich fürchte die Himmelszeichen nicht. Denn als Geschöpfe stehen wir über allen Gestirnen, können wir ihnen nicht unterworfen werden, es sei denn, unsere Leiblichkeit sei ihnen unterworfen. Ich fürchte mich nicht vor dem, was (aus dem Himmel) herauskommt. Ich will es den klugen Weltweisen überlassen.«

19 Vgl. DS 1859.

20 Tertius Interveniens, Nr. 65, a.a.O. 97.

21 A.a.O. 98.

22 F. Krafft, Einführung zu J. Keplers Tertius Interveniens, a.a.O. 6.

23 Tertius Interveniens, Nr. 41, a.a.O. 65.

24 R. Ebertin, Haben die »Herren der Häuser« eine Bedeutung?: Kos-

mobiologie 40 (1972/73) 131–136; 41 (1973/74) 21–26; hier 40, 136.

[25] Die Oktave weist bekanntlich das Teilungsverhältnis 2:1 auf.

[26] O. Apelt, Platons Dialoge Timaios und Kritias, übersetzt und erläutert, Leipzig ²1922, 153 f: Anm. 63 zu Tim 8. Ausführlichere Erläuterungen des platonischen Systems der Weltharmonie siehe dort.

[27] E. Hellgard, Zum Problem symbolbestimmter und formalästhetischer Zahlenkomposition in mittelalterlicher Literatur, München 1973, 8.

[28] Z. B. Retractationes I, 11 (zu De Musica, VI): PL 32, 600 f. Vgl. auch U. Großmann, Studien zur Zahlensymbolik des Frühmittelalters: Zeitschrift für kath. Theologie 76 (1954) 19–54.

[29] PL 107, 133–294.

[30] PL 172, 115–188.

[31] Die folgende Darstellung beruht im wesentlichen auf P. Zambelli, Umanesimo magico-astrologico e raggruppamenti segreti nei platonici della preriforma, in: Umanesimo e Esoterismo, Archivo di Filosofia 2–3/1960, 141–170. Diesem Beitrag sind auch die (dort lateinisch wiedergegebenen) Zitate aus den Schriften Agrippas De occulta philosophia (1510/33) und De incertitudine et vanitate scientiarum (1526/31) sowie aus seinen Briefen entnommen.

[32] Agrippa schreibt in De occulta philosophia, zit. nach Heinrich Cornelius Agrippa's von Nettesheim Magische Werke (Barsdorf), Berlin ⁴1924, 4. Bd., 5–9: »Die Geomantie ist eine Kunst, welche vermittelst des Looses auf jede Frage, was es auch betreffen mag, uns Antwort ertheilt. Das Loos besteht hier in Punkten, aus denen man gewisse Figuren nach der Gleichheit und Ungleichheit ableitet. Diese Figuren werden sodann auf himmliche Figuren zurückgeführt, deren Natur und Eigenschaften sie nach den Verhältnissen der Himmelszeichen und Planeten annehmen. Ein solches Loosen kann übrigens, wie gleich von vornherein erinnert werden muß, nur in dem Fall uns die Wahrheit anzeigen, wenn es auf eine höhere Kraft sich stützt . . . Andererseits ist es die Seele des Punktirenden, welche, wenn ihr Verlangen sich zu einem hohen Grade steigert, das Loos lenkt. Alles Loosen folgt nemlich der Leitung der Seele, und es findet dabei ein nothwendiger Zug zu dem Statt, was die Seele verlangt . . . Es hat übrigens diese Kunst dieselbe Wurzel, wie die der astrologischen Fragen, welche gleichfalls nicht anders einen Werth erlangen können, als durch ein standhaftes und außerordentlich starkes Verlangen des Fragenden . . . Auf welche Weise die . . . Figuren den Planeten zugetheilt werden, dieß zu wissen ist in so fern von Wichtigkeit, als hievon die Natur und jede Eigenschaft der Figuren, sowie das divinatorische Urtheil der ganzen Kunst abhängt.« Vgl. hierzu C. G. Jungs Begriff der Synchronizität, in diesem Buch S. 110; weitere Literatur: Synchronizität als ein Prinzip akausaler

Zusammenhänge, in: C. G. Jung – W. Pauli, Naturerklärung und Psyche, Zürich 1952; hieran anschließend: C. G. Jung, Ein astrologisches Experiment: Zeitschrift für Parapsychologie und Grenzgebiete der Psychologie 1 (1957/58), 81–92; hier (81) H. Bender in einer Vorbemerkung: »In seiner viel diskutierten Arbeit ›Synchronizität als ein Prinzip akausaler Zusammenhänge‹ hat C. G. Jung an einem ›astrologischen Experiment‹ seine These demonstriert, daß sinngemäße Koinzidenzen zwischen Psyche und Anordnungen eines äußeren, unabhängigen Ereignisses auftreten können. Solche akausalen, durch den gemeinsamen Sinn gekennzeichneten Verbindungen nennt er ›synchronistische‹ Vorgänge. Synchronistisch, so verstanden, sind sinnvolle Zufälle, Telepathie, Hellsehen und andere ›okkulte‹ Phänomene, divinatorische Praktiken wie der I Ging, die mittelalterliche ›Punktierkunst‹ und die Astrologie als intuitive Deutungstechnik.« Vgl. auch C. G. Jung, Ein Brief zur Frage der Synchronizität, in ders. Zeitschrift 5 (1961), 1–9; H. Bender – J. Mischo, »Praekognition« in Traumserien, Abschn. XIII, Zur Frage der »synchronistischen Koinzidenzen« in ihrem Verhältnis zu einer »außersinnlichen Wahrnehmung«, ebda 40–44.

[33] PL 83, 977f. Bei der Aussage, Kopf der Welt sei der Osten, den Schluß bilde der Norden, ist vorausgesetzt, daß man dem Jahreskreis entlanggeht; vgl. dazu das Bild der Weltenschlange in der Darstellung auf S. 41.

[34] Platon führt in Timaios (20) die Elemente auf stereometrische Grundformen zurück, nämlich auf jene fünf regelmäßig – vieleckigen Körper (Polyeder), die sich dadurch auszeichnen, daß sich um jeden von ihnen eine Kugel beschreiben läßt und ebenso in jeden eine Kugel einschreiben läßt. Den Hexaeder (Würfel) ordnet Platon der Erde zu, den Tetraeder (Pyramide) dem Feuer, den Oktaeder (Doppelpyramide) der Luft und den von zwanzig kongruenten gleichseitigen Dreiecken begrenzten Ikosaeder dem Wasser. Der von zwölf kongruenten regelmäßigen Fünfecken begrenzte Dodekaeder, von Platon dem Universum zugewiesen, wird später als quinta essentia (»Quintessenz«) bezeichnet. Die Kugel als das vollkommenste Gebilde überhaupt galt als Gestalt des Himmels.

[35] Vgl. Beda († 735), De temporum ratione, Kap. 35; PL 90, 458f.

[36] De natura rerum, Kap. 11; das Ambrosius-Zitat: Hexaemeron, Kap. 3, 4; PL 14, 176.

[37] Per hunc circuitum quasi per quemdam chorum concordi societate conveniunt.

[38] »Stoicheia tou kosmou« heißen im griechischen Urtext auch die »Elementarmächte« in Gal 4,3; Kol 2,20.

[39] Hildegard von Bingen, Heilkunde. Das Buch von dem Grund und Wesen und der Heilung der Krankheiten, nach den Quellen übersetzt und erläutert von H. Schipperges, Salzburg 1957, 87.

40 Heilkunde (»Causae et Curae«), Kap. 4, a.a.O. 100.

41 Deutsch: Welt und Mensch. Das Buch »De operatione Dei«, aus dem Genter Kodex übersetzt und erläutert von H. Schipperges, Salzburg 1965.

42 Cod. lat. 1942, f. 9 r.

43 Hildegard von Bingen, Heilkunde, a.a.O. 71–73.

44 Schriften der Heiligen Hildegard von Bingen, ausgewählt und übertragen von J. Bühler, Leipzig 1922, 127.

45 Heilkunde, Kap. I, a.a.O. 50.

46 Ms. lat. 3236 A.

47 Deutsch im entsprechenden Band der »Bibliothek der Kirchenväter« (²1911).

48 Archives d'histoire doctrinale et littéraire du Moyen Age, 15.–17. Jg. (1940–42), 239–299, der Text: 280–299. Leider gibt d'Alverny nicht den lateinischen Titel des Traktates an.

49 PL 182, 940–972.

50 A.a.O. Nr. 27.

51 Hom. in evangelia II, 34, 7; PL 76, 1249. Bei Gregor sind gegenüber (Pseudo-)Dionysios Areopagita »Kräfte« und »Fürsten« miteinander vertauscht.

52 Vgl. Gal 4,19. Welche Bedeutung gerade diese Stelle im Denken der Kirchenväter spielt, aus deren Schriften auch das Mittelalter schöpfte, zeigt H. Rahner, Die Gottesgeburt. Die Lehre der Kirchenväter von der Geburt Christi aus dem Herzen der Kirche und der Gläubigen, in: ders., Symbole der Kirche. Die Ekklesiologie der Kirchenväter, Salzburg 1964, 13–87.

53 »Altahensis« ist Adjektivbildung von »Altaha«, der latinisierten Form von »Altach«, des ursprünglichen Namens des Klosters »Niederaltaich«. Abbildung des Niederaltaicher Horoskops: nach S. 96.

54 PL 90, z. B. Sp. 203 f, 263 f, 267 f, 455 f.

55 Vgl. Lexikon der christlichen Ikonographie, 4. Bd., Freiburg 1972, 134–136. Vielleicht ist auch ein Blick auf die Bildkarten des Tarot-Spiels und den sich darin widerspiegelnden menschlichen Individuationsprozeß aufschlußreich. Hier besteht (in der großen Arcana) die 4. (d. i. die erste höhere) Quaternität aus den Trumpf-Karten 14. la tempérance, 15. le diable, 16. la maison dieu, 17. l'étoile; ihr folgt die 5. Quaternität, bestehend aus 18. la lune, 19. le soleil, 20. le jugement, 21. le monde.

56 H. Schipperges in: Hildegard von Bingen, Heilkunde, a.a.O. 74.

57 Vgl. hierzu die zahlreichen Melothesie-Darstellungen, die WIDDER dem Kopf, STIER dem Hals, ZWILLINGE den Schultern zuweisen usw., besonders häufig als »Laßmännchen«, denen abzulesen ist, wann wo zur Ader zu »lassen« ist. Beispiele: F. Boll u. a., Sternglaube und Sterndeutung, a.a.O. (vgl. Anm. 3), Tafel X I.

160

58 Vgl. J. W. v. Goethe, Zur Farbenlehre, des ersten Buches zweiter, polemischer Teil: Enthüllung der Theorie Newton's (Gedr. 1810).

59 R. Böker, Die Entstehung der Sternsphaere Arats: Berichte über die Verhandlungen der sächsischen Akademie der Wissenschaften zu Leipzig. Math.-nat. Klasse Bd. 99/Heft 5, Berlin 1952, 42.

60 Dazu vgl. A. Rosenberg, Durchbruch zur Zukunft. Der Mensch im Wassermann-Zeitalter, Bietigheim ²1971. A. Rosenberg versucht zu zeigen, daß sich infolge der Präzession der Äquinoktien in der Weltgeschichte ein doppelter »Geschichtsparallelismus« beobachten läßt: einmal eine periodische Gleichzeitigkeit bestimmter, für die einzelnen Zeitalter typischer Phänomene in allen Kulturbereichen der Erde, zum anderen eine periodische Wiederkehr vergleichbarer Geschichtsereignisse – eine »Geschichtsrhythmik« also, vergleichbar der Wiederkehr der gleichen Folge der Monate in jedem Jahr. Siehe auch unten Exkurs I: Zum Wassermann-Zeitalter, S. 71 f.

61 Vgl. z. B. F. W. Haack, Astrologie, München o. J. (Evangelischer Presseverband für Bayern, Abt. Schriftenmission) 18.

62 F. X. Kugler, Sternkunde und Sterndienst in Babel. Assyrologische, astronomische und astralmythologische Untersuchungen. II. Natur, Mythus und Geschichte als Grundlagen babylonischer Zeitordnung nebst eingehenden Untersuchungen der älteren Sternkunde und Meteorologie, Münster 1909–1924, 88. Vgl. auch R. Böker, Zodiakus: A. Pauly-G. Wissowa, a.a.O. (Anm. 3) 525: »Bis gegen Ende des 5. Jhdts. v. Chr. galten den Babyloniern aber die Bildvorstellungen der ekliptikalen Merksterne nicht als Signets für ›Zeichen‹, sondern als echte Sternnamen, bzw. Allegorien für den saisonalen Monatscharakter nach meteorologischen Eigenschaften oder ruraler Tätigkeit.«

63 Die Verbindung von JUNGFRAU mit dem Element »Erde« und dem Planeten *Merkur* zeigt, daß –will man den Sinn dieses Tierkreiszeichens richtig erfassen – das Bild »Jungfrau« im Sinne von »Magd« zu verstehen ist. Dementsprechend gehört zur Darstellung üblicherweise eine Ähre oder eine Sichel.

64 Marginalien zum Thema: Das uranische Weltalter: Flugblätter für Freunde aus der Werkstatt von Alfons Rosenberg, 45. Flugblatt (September 1968) 2.

65 Vgl. S. Eitrem, Der Skorpion in Mythologie und Religionsgeschichte: Symbolae Oslovenses VII (1929) 53–82.

66 H. Thomas, Beispiele der Wandlung. Adler und Schlange als Natursymbole: Anataios XII (1971), 48–57, hier 49 und 54.

67 Zum Problem der astrologischen Häuserberechnung vgl. Th. Ring, Astrologie ohne Aberglauben, Düsseldorf/Wien 1972, 275–278.

68 STh I q 84, a 7 resp.

69 Hexaemeron IV, 7, 29 und IV, 8, 32: PL 14, 216 bzw. 217.

70 Zur Bedeutung von Sonne und Mond in der antiken Mythologie so-

wie in der christlichen Symbolik vgl. z. B. H. Rahner, Das Mysterium von Sonne und Mond, in: ders., Griechische Mythen in christlicher Deutung, Zürich 1945, 125–224.

[71] R. Halver, Der Mythos im letzten Buch der Bibel. Eine Untersuchung der Bildersprache der Johannes-Apokalypse, Hamburg 1964, 105f.

[72] K. Kerényi, Hermes der Seelenführer, Zürich 1944, 64.

[73] Tertius Interveniens, Nr. 41, a.a.O. 66.

[74] Vgl. F. Boll u. a., Sternglaube und Sterndeutung, a.a.O. (Anm. 3), 2.

[75] Ebd. 106f.

[76] Vgl. J. Burckhardt, Die Kultur der Renaissance in Italien (1860), Ausg. Berlin 1928, 516.

[77] H. Biedermann, Handlexikon der magischen Künste, Knaur-TB 421 (1976), 67 (Art. Bonatti).

[78] Hinweis (mit Belegen) bei Daremberg-Saglio, Dictionnaire des Antiquités grecques et romaines, Vol. V s. v. Zodiaque (Fr. Cumont), S. 1060; vgl. auch W. Gundel, Art. Paranatellonta, a.a.O. (Anm. 3), 1262.

[79] Dazu braucht man nur von irgend einem Datum des Julianischen Kalenders auszugehen, von dem bekannt ist, auf welchen Wochentag es fiel. Denn im Julianischen Kalender fallen nach jeweils 28 Jahren alle Daten wieder auf den gleichen Wochentag. Z. B. ist vom hl. Gotthard – zunächst Abt von Niederaltaich, dann Bischof von Hildesheim – bekannt (aus Wolfhers Jüngerer Lebensbeschreibung, Mon. Germ. hist. SS. XI, 190–216, Kap. 29), daß sein Todestag, der 5. Mai 1038, ein Tag nach dem Fest Christi Himmelfahrt war, also ein Freitag. In einem Jahr, in dem der 5. Mai ein Freitag ist, fällt der 24. Juli auf einen Montag. Die Differenz zwischen 1038 und 1514 ist durch 28 teilbar. Also war auch der 24. Juli 1514 ein Montag.

[80] Die Einteilung jedes Tierkreiszeichens in drei Dekaden mit je einem Planeten als ihrem »Herrn« findet sich z. B. auf mehreren Darstellungen der berühmten Astronomischen Sammelhandschrift König Wenzels IV. aus dem 15. Jahrhundert, heute in der Bayerischen Staatsbibliothek in München (Clm 826). Vgl. etwa die Abbildung von fol 1 r im Ausstellungskatalog »Die Parler und der Schöne Stil 1350–1400« (Köln 1978) III, 81; ferner F. Boll u. a., Sternglaube und Sterndeutung (vgl. Anm. 3), Tafel XIX.

[81] Th. Ring, Astrologische Menschenkunde, III. Kombinationslehre, Zürich/Stuttgart 1969, 290.

[82] Ebd. 187.

[83] Vgl. G. Stadtmüller/B. Pfister, Geschichte der Abtei Niederaltaich 741–1971, München 1971, 191–195.

[84] M. Gauquelin, Der planetarische Hereditätseffekt und der irdische Magnetismus: Zeitschrift für Parapsychologie und Grenzgebiete der Psychologie IX (1966) 69–84, hier 69. In der gleichen Zeitschrift sind

schon früher Untersuchungen des gleichen Autors über den »Einfluß der Gestirne und die Statistik« erschienen: I (1957/58) 102–123; III (1959) 10–31; V (1961/62) 168–193.

[85] Ebd. 70. Ein Problem eigener Art stellen allerdings sicherlich die – immer häufigeren – künstlich eingeleiteten Geburten dar.

[86] C. G. Jung, Zum Gedächtnis Richard Wilhelms (1930), in: Das Geheimnis der Goldenen Blüte. Ein Chinesisches Lebensbuch, übersetzt und erläutert von R. Wilhelm, Zürich ²1948, XIf. Vgl. auch die Literaturhinweise in Anm. 32.

[87] R. Ruyer, Jenseits der Erkenntnis, a.a.O. (vgl. Anm. 2), 123 f.

[88] R. Riemann, Lebenshilfe Astrologie. Gedanken und Erfahrungen, München ²1977, 220 f.

[89] Der Bilderzyklus der im Mittelalter (13. Jahrhundert) verbreiteten Bible moralisée zeigt den Schöpfer mit einem Zirkel den in einem Kreis beschlossenen Kosmos umschreibend.

[90] Papst Johannes Paul II, Enzyklika Redemptor hominis (4. 3. 1979) I, 1. Vgl. auch die exegetische Studie von K. Müller, Die kosmische Relevanz des Christusglaubens, in: W. Strolz (Hrsg.), Kosmische Dimensionen religiöser Erfahrung, Freiburg 1978, 212–249; hier 248: »Man macht zentrale Abstriche am Glauben an die Auferstehung Jesu selbst, wenn man auf die (sozialen und) kosmischen Aspekte dieses Geschehens verzichtet, wie sie die von der jüdischen Apokalyptik maßgeblich umrissene überlieferungsgeschichtliche Ursprungssituation des Christentums unabdingbar voraussetzt.« Siehe auch H. Schlier, Mächte und Gewalten im Neuen Testament (Quaestiones Disputatae 3), Freiburg 1958.

[91] Für die folgende Auslegung sei verwiesen auf E. Schweizer, Der Brief an die Kolosser, Evangelisch-Katholischer Kommentar zum Neuen Testament, Zürich/Einsiedeln/Köln und Neukirchen 1976, 50–74. 197–205. 218–220.

[92] A. Schult, Astrologie als kosmische Signaturenlehre des Menschenbildes. Umfassende Tiefenschau und Lehre der Klassischen Astrologie, Bietigheim 1971, 39 f.

[93] DS 403 = Neuner-Roos 199. Das im griechischen Text gebrauchte Wort für »erkalten« ist »apo-psychein«; daher der ethymologische Bezug zu »Seele« = »psyche«.

[94] DS 455 f = Neuner-Roos 164. 200.

[95] Vgl. DS 408. 459 f.

[96] Vgl. H. Fischer, Die Geburt der westlichen Zivilisation aus dem Geist des romanischen Mönchtums, München 1969.

[97] Zum Folgenden vgl. G. Voss, Nachkritische Katholizität: Una Sancta 27 (1972) 30–62, bes. 37 ff; ders., Konfessionen der Unbehaustheit. Eine Skizze zur geistigen Standortbestimmung: Pastoralblatt für die Diözesen Aachen, Berlin, Essen, Köln, Osnabrück 29 (1977) 133–142.

163

98 Vgl. Ch. J. Ledit, A l'Orient de France: Tetraktys, l'art au départ du nombre, No 6 (Paris 1973), 28 f.

99 Griechischer Text: Acta apostolorum apocrypha II/1, Darmstadt 1959 = Leipzig 1898, 54 f.

100 Vgl. H. Hessenbruch, Geheimnisse und Wesen der Zahlen, Köln/Bad Liebenzell ²1963, 45–53.

101 Erwähnt seien: A. Vögtle, Das Schicksal des Messiaskindes. Zur Auslegung und Theologie von Mt 2: Bibel und Leben 6 (1965) 246–279, bes. 249 f, 259 ff, 275; M. Hengel und H. Merkel, Die Magier aus dem Osten und die Flucht nach Ägypten (Mt 2) im Rahmen der antiken Religionsgeschichte und der Theologie des Matthäus: P. Hoffmann (Hrsg.), Orientierung an Jesus. Zur Theologie der Synoptiker, Freiburg 1973, 139–169; dort auch weitere Literaturhinweise.

102 E. Zinner, Geschichte und Bibliographie der astronomischen Literatur (vgl. Anm. 17) 19. Zur Erstellung eines Horoskops für Luther durch Gauricus vgl. A. Wartburg, Heidnisch-antike Weissagung in Wort und Bild zu Luthers Zeiten: Sitzungsberichte der Heidelberger Akademie der Wissenschaften, Philol. hist. Kl. 1919, 26. Abh., 12 ff.

103 Hierzu vgl. in C. G Jung, Aion. Beiträge zur Symbolik des Selbst (Ges. Werke IX/2), Olten ²1978, die Artikel: Das Zeichen der Fische (81–103), Über die geschichtliche Bedeutung des Fisches (112–126), Die Ambivalenz des Fischsymbols (127–135).

104 L. Liebhart, Die Seltenheit der Himmelserscheinung des Jahres 7 vor Christus. Linzer Theol.-prakt. Quartalschrift 102 (1954) 12–20, hier 18.

105 Vgl. H. Schlier in: G. Kittel, Theologisches Wörterbuch zum Neuen Testament I, 354; ferner W. Bauer, Wörterbuch zum Neuen Testament ⁴1952, 113. H. Stephanus, Thesaurus Graecae Linguae II, 592, zeigt, daß es freilich auch Ausnahmen von diesem allgemeinen Sprachgebrauch gibt.

106 Ebeling, Art. Marduk in: A. Pauly – G. Wissowa, Realencyclopaedie (vgl. Anm. 3), 28. Hbd., Sp. 1658–1672, hier 1664; ebenso F. X. Kugler, Sternkunde und Sterndienst in Babel (vgl. Anm. 62) II, 85. In unserem Zusammenhang interessant ist auch eine Darstellung (aus der Zeit kurz vor oder kurz nach Christi Geburt) in der Nordnische der Cella des Bel-Tempels in Palmyra: Umgeben von dem Zodiakus sind die Planeten dargestellt, *Jupiter* als Bel in der Mitte (K. Assa'ad – O. Taha, Welcome to Palmyra, Palmyra 1966, 26 f).

107 Ebd. 56 f. Die von Ferrari d'Occhieppo angeführten babylonischen Kalenderangaben für das Geburtsjahr Jesu (7 v. Chr.) basieren vor allem auf einem überlieferten Tontäfelchen, das sich heute im Britischen Museum (Inv. Nr. 35429) befindet (= Nr. 1195 in A. J. Sachs, Late Babylonian Astronomical and Related Texts, Providence, Rhode Island, 1955), ergänzt durch die bei A. J. Sachs unter Nr. 1193

und 1194 aufgeführten Tafeln. In der Berücksichtigung der astronomischen Gegebenheiten ausschließlich insoweit, als sie in den *babylonischen* Zeugnissen vermerkt sind, unterscheidet sich Ferrari d'Occhieppo – soweit ich sehe – von der bisherigen Literatur zur Sache. Aufgrund der Ephemeride von B. Tuckermann (Planetary, lunar and solar positions I, Philadelphia 1964) bietet sich folgendes Bild (Ungenauigkeiten ergeben sich dadurch, daß in dieser Ephemeride die Positionen für *Jupiter* und *Saturn* nur in Zehn-Tage-Intervallen angegeben sind): Ende Mai des Jahres 7 v. Chr. kam es bei FISCHE 21° zu einer ersten Konjunktion, als *Jupiter* den *Saturn* überholte. Anfangs Juli hatten beide – mit einigen Tagen Unterschied – ihren östlichen Stillstand, zunächst *Saturn* bei etwas mehr als FISCHE 22°, denn *Jupiter* bei fast FISCHE 25°. In den folgenden Wochen waren beide Planeten rückläufig. Ende September wurde *Saturn* wieder von *Jupiter* überholt – bei FISCHE 18°. Mitte November hatten beide gemeinsam ihren westlichen Stillstand, und zwar bei FISCHE 15°, weniger als 1° voneinander entfernt. Dann setzten beide Planeten ihren Weg in östliche Richtung fort, wobei *Saturn* anfangs Dezember ein drittes Mal von *Jupiter* überholt wurde. Bei all dem stand *Saturn* jeweils um etwa 1° tiefer am Himmel als *Jupiter*.

[108] F. Boll u. a., Sternglaube und Sterndeutung (vgl. Anm. 3) 65.

[109] Astronomica IV, 744–817 – nach H. Gundel, Art. Zodiakus (vgl. Anm. 3) 575.

[110] A.a.O. 57f.

[111] Protoevangelium des Jakobus 21, 2f.; zum Text siehe E. Hennecke – W. Schneemelcher, Neutestamentliche Apokryphen, I. Evangelien, Tübingen ⁴1968, 288f.

[112] A.a.O. 88.

[113] Ebd. 95.

[114] R. Dieckhoff erwähnt – leider ohne Angabe der Fundstelle –, daß Albertus Magnus das Horoskop Jesu aufgestellt habe, und er zitiert von ihm: »Wir wissen, daß unser Herr Jesus Christus bei Aufgang der himmlischen JUNGFRAU geboren wurde und daß alle göttlichen Geheimnisse seiner Menschwerdung von seiner Geburt bis zu seiner Himmelfahrt durch Konstellationen gekennzeichnet und in den Sternen, die ihn weissagten, vorgebildet waren«: Ausstellungskatalog »Die Parler« (vgl. Anm. 80) 80. Hinweise auf weitere mittelalterliche Versuche, ein (Ideal-)Horoskop von Christus zu erstellen, bei C. G. Jung. Das Zeichen der Fische, a.a.O. (Anm. 103) 86f.

[115] Vgl. die Übersicht bei J. Blinzler, Der Prozeß Jesu, Regensburg ⁴1969, 101–126.

[116] Neue Argumente für diese These bringt P. Bargil Pixner OSB von der Dormitio-Abtei in Jerusalem, der aufgrund archäologischer Beobachtungen vermutet, daß sich auf dem (heutigen) Zion – wo nach

der Überlieferung auch der Abendmahlssaal lag – eine Ansiedlung einer Gemeinschaft von (unverheirateten) Essenern befand (An Essene Quarter on Mount Zion: Studium Biblicum Franciscanum, Nr. 22/1976, 245–284). Pixner verweist auch auf die dadurch erklärliche, im Orient sonst ungewöhnliche Gestalt des (männlichen!) Wasserträgers (Mk 14,13; Lk 22,10), der den Jüngern als Wegweiser zum Abendmahlssaal dienen sollte, und er vermutet daher, daß mit »katalyma« (Mk 14,14; Lk 22,11) das »Gästehaus« dieses Essenerquartiers gemeint sein könnte.

[117] A.a.O. 107.

[118] Der Stern der Weisen, a.a.O. 155.

[119] Th. Ring, Astrologische Menschenkunde (vgl. Anm. 72) 184.

[120] PL 189, 979. 981.

Weitere Titel von Pater Gerhard Voss:

Gerhard Voss
Boten des Kommenden
Alttestamentliche Predigten
176 Seiten, kartoniert DM 16,80

»Überraschend ist es, wie die Schriften des Alten Testaments die Erfahrungen des Menschen erzählen. Der Autor spürt sie auf. Er besitzt die Fähigkeit, den Christen in seiner heutigen Wirklichkeit abzuholen und ihm zu zeigen, daß wir Menschen immer neu daran erinnert werden müssen, daß Christus in uns Gestalt gewinnen will, und wie sehr die atl. Prediger auch für uns Christen eindrucksvolle ›Boten des Kommenden‹ sind.«

Le Messager, Phalsbourg

»Seit der Liturgiereform wird jeden Sonntag eine Lesung aus dem AT angeboten. Manchmal wohl für den heutigen Menschen etwas schwer verständlich. Der Verfasser versteht es nun, die Texte lebensnah zu interpretieren, das AT mit dem NT (nach dem Urteil des großen Augustinus, ›daß der neue Bund im alten verborgen und der alte im neuen erschlossen‹) zu verbinden.«

Kalasantiner Blätter, Wien

»Angenehm sind die Kürze der einzelnen Texte, ihre leicht faßliche Lesbarkeit und die behutsame Hinführung zum Verständnis des Alten Testaments.«

Katholisches Sonntagsblatt, Würzburg

»Der Band ist ein Beispiel für konkrete, theologisch verantwortete katholische Predigtarbeit.«

Homiletische Monatshefte, Mülheim

VERLAG FRIEDRICH PUSTET REGENSBURG

Ein neuer Weg des Umgangs mit der Heiligen Schrift

Gerhard Voss
Bilder des Heils
Biblische Meditationen
208 Seiten, kartoniert DM 17,50

»Die Absicht dieses Buches ist zunächst, zwischen streng wissenschaftlicher und rein erbaulicher Schriftbetrachtung einen Mittelweg zu finden, der darin besteht, die Bildhaftigkeit der biblischen Texte aufzuschließen und so zur Geltung zu bringen, daß der heutige Mensch sich in ihnen wiederfindet und sie als ihn betreffende Bilder des Heils erlebt. Dazu aber muß man sich öffnen, das Bild unverfälscht einlassen und seine Aussage durch Miteinbezogenheit beantworten. Dem Autor ist dies vorzüglich gelungen. Die 35 Meditationen über Texte des NT lassen das Unterschiedliche der Schriftsteller heraustreten, veranlassen den Leser zur Meditation seiner eigenen Situation und bleiben trotzdem immer ›am Wort‹.« *Alt und Jung, Metten*

»Die kundige Auswahl aus den Evangelien und den Paulusbriefen zeigt, daß der Autor genau weiß, welche Stellen für den Menschen von heute besonders notwendig sind.«
Neuer Bücherdienst, Wien

»Der Verfasser spricht substantielle Wahrheiten aus, in faßlicher Sprache, ohne die Leser aus ihrer Verantwortung zu entlassen. Vielmehr fordert er ihr Nachdenken und ihr Mittun.«
Heute, Trier

»Die Sprache des Verfassers ist alles andere als ›trocken‹, – man merkt mit Freude, daß hier in lebendiger und gekonnter Art von der Kanzel aus meditiert wurde.«
Amtsblatt für die Erzdiözese Bamberg

VERLAG FRIEDRICH PUSTET REGENSBURG